OFFICIERS FRANÇAIS AU SERVICE DE L'ESPAGNE

LA GARDE WALLONE

(1702-1822)

PAR

G. DU BOSCQ DE BEAUMONT

PARIS
CONSEIL HÉRALDIQUE DE FRANCE
45, RUE DES ACACIAS, 45

1904

LA GARDE WALLONE

(1702-1822)

OFFICIERS FRANÇAIS AU SERVICE DE L'ESPAGNE

LA GARDE WALLONE

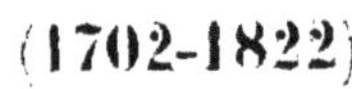

(1702-1822)

PAR

G. DU BOSCQ DE BEAUMONT

PARIS

CONSEIL HÉRALDIQUE DE FRANCE

45, RUE DES ACACIAS, 45

1904

OFFICIERS FRANÇAIS AU SERVICE DE L'ESPAGNE

LA GARDE WALLONE

(1702-1822)

I

Le nom de « Belgique », qui désigne actuellement une région correspondant à peu près à la partie wallone des anciens Pays-Bas, est de date récente, quoiqu'il puisse faire remonter son étymologie jusqu'au temps de César (1); il ne figure pas dans le dictionnaire géographique de Vosgien, édité en 1789, et les soldats wallons qui, pendant plusieurs siècles, disputèrent aux Suisses la première place sur tous les champs de bataille, eussent été, sans doute, fort étonnés, si l'on était venu leur apprendre qu'ils étaient des Belges. La petite armée de ce royaume neutre a, par la force des choses, beaucoup de pages blanches dans ses annales, mais elle peut, à bon droit, réclamer pour aïeules, les vieilles bandes wallones, d'héroïque mémoire. Les historiens militaires n'y ont pas

(1) Belgium ; regio belgica.

manqué; le lieutenant-général Guillaume, en particulier, a élevé aux mânes de la Garde Wallone des rois d'Espagne, un monument de piété filiale d'autant plus méritoire que l'oubli s'était fait presque complet sur cette glorieuse phalange qui, par ses services et sa fidélité, méritait mieux que son destin tragique.

Quelqu'incomplète que sa liste puisse être — elle s'arrête d'ailleurs à 1815 — le général Guillaume n'en a pas moins exhumé près de 1200 états de services d'officiers, se répartissant sur une période de 113 ans, et il les a fait précéder d'un magistral historique du régiment qu'il suit pas à pas, parmi toutes ses transformations, ses gloires et ses revers, depuis sa création jusqu'à sa fin sanglante.

Le jour où ce livre me tomba entre les mains, je n'eus pas de peine à remarquer que beaucoup de noms qui figurent sur la liste sont, sans contredit, français.

Le général, d'ailleurs, dans cet ouvrage destiné à glorifier les ancêtres de l'armée belge actuelle, ne s'attarde pas à rechercher l'origine de tous ces officiers, mais il indique toujours, très loyalement, lorsqu'elle lui est connue, leur nationalité française.

Des historiens récents n'ont pas eu ce scrupule, et pour faire nombre, ou par oubli, ils ont inscrit sur le rôle des « Belges sans le savoir » qui se sont distingués aux armées, beaucoup de Français recueillis dans Guillaume. C'est alors que l'idée me vint de relever dans le catalogue du général tous ceux de nos compatriotes qui pouvaient s'y trouver. Les recherches, faciles au début et entreprises comme distraction aux heures de loisir, devinrent, peu à peu, moins aisées, en raison des sources multiples auxquelles je devais recourir.

Je fus sur le point de les abandonner ; mais la moisson était déjà abondante, cette chasse d'un nouveau genre avait, malgré ses difficultés croissantes, fini par m'intéresser réellement et, petit à petit, j'arrivai à extraire du bloc un tiers environ d'authentiques Français.

Ce travail d'élimination n'allait pas sans peine, et les obstacles, parfois, étaient bien rebutants : indépendamment de la quantité de noms estropiés qu'il importait de rétablir, ou qui empêchaient toute identification, beaucoup de ces familles walones avaient, et ont encore, des branches de chaque côté de la frontière. Pour celles-là, à moins de rencontrer sur chacune d'elles une généalogie complète, il devenait impossible d'affirmer que le personnage était, ou non, Français.

Enfin, tous ces pays du Nord ont si souvent changé de maitres depuis deux siècles, qu'il était nécessaire d'examiner soigneusement les dates des états de services de nombre d'officiers, pour s'assurer qu'ils étaient bien des nôtres : le Tournaisis, par exemple, nous a été enlevé en 1709 ; nous ne pouvons donc réclamer plus tard les gardes originaires de cette province. Quelques parties de la Lorraine, comme les Trois Evêchés, nous appartenaient d'ancienneté, tandis que le reste ne fut annexé qu'en 1766 ; avant de décider si tel officier lorrain avait été Français à une époque déterminée, il fallait découvrir son lieu de naissance.

En faisant ce travail forcément incomplet, je n'avais eu d'autre but que de satisfaire ma propre curiosité et mon intention était de le garder pour moi, puis j'ai pensé que tout cet héroïque passé, si oublié, des Gardes Wallones, était un héritage, indivis entre nous, la Belgique et le Luxembourg, qu'il était bon de ne pas laisser prescrire et que ce seraient quelques lauriers de plus ajoutés aux brassées qu'ont récoltées nos gloires.

∴

Faut-il ajouter que, sans le livre si consciencieux et si documenté du général Guillaume, ces quelques pages n'auraient jamais pu être écrites? Le rapide préambule historique qui va suivre, n'est, pour ainsi dire, que le sommaire de la belle étude consacrée par le général aux campagnes du corps.

A la réserve de certains officiers non cités par lui et que le hasard des recherches m'a fait retrouver, ma liste et les états de services (1) qui l'accompagnent, ont été dressés à l'aide de son catalogue : mon rôle modeste, mais parfois ardu, s'est borné à essayer de trier tous ces Wallons pour réclamer les nôtres. A l'indication de leurs origines, avec mention des sources où je les ai trouvées, je joins, chaque fois que je le puis, la description de leurs armes, et je termine par une seconde liste de noms parmi lesquels se trouve, très certainement, un fort contingent français qu'il ne m'a pas été possible d'identifier.

On remarquera que, pour certaines familles, le service dans la Garde Wallone était, en quelque sorte, devenu héréditaire, témoin, en Artois, les Bryas et les Bassecourt qui, pendant un siècle, fournirent, les premiers, 19, et les seconds, 14 officiers! Le colonel qui présida à la formation du régiment s'appelait le duc d'Havré, et le dernier qui le commanda fut le marquis de Saint-Simon, deux Français.

(1) Ces états de services n'indiquent la plupart du temps que les *fonctions* ; les *grades* étant toujours, aux G. W , supérieurs aux emplois.

II

L'origine de l'infanterie wallone remonte au moyen-âge ; les ducs de Bourgogne furent les premiers qui en possédèrent quelques corps réguliers ; leur réputation commença à s'établir sous Charles-Quint et les longues guerres des Flandres favorisèrent ce recrutement. Mais la création des Gardes Wallones fut l'œuvre exclusive de Louis XIV, voulant par là entourer le trône de son petit-fils d'une légion de langue française fournie par les pays qui étaient soumis à ce dernier ; les rois d'Espagne y ajoutèrent ceux qui, jadis, avaient formé ce que l'on appelait le Cercle de Bourgogne. Ces pays, pour la France, étaient la Bourgogne, la Franche-Comté, la Flandre, le Hainaut et le Luxembourg français, l'Artois, le Cambrésis, puis, de 1435 à 1477, le Boulonnais, le Ponthieu, l'Amiennois, et l'Auxerrois. Telles sont les provinces composant ce que l'on pourrait appeler la Wallonie française, qui, pendant plus d'un siècle, donna tant de bons officiers à la couronne d'Espagne (1).

Ce fut au comte de Marcin, l'un des généraux chargés par le roi de France d'accompagner le duc d'Anjou dans sa nouvelle patrie, qu'incomba la mission de soumettre ce projet à Philippe V qui l'approuva. Un décret du 17 octobre 1702 est donc l'acte de naissance de la Garde Wallone et le marquis de Bedmar, gouverneur des Pays-Bas, eut l'ordre de la recruter. Cette première organisation se fit à Lierre, et, peu de temps après, le 30 juin 1703, le régiment reçut le baptême du feu à la bataille d'Eeckren : le lendemain de ce combat, le maréchal de Boufflers écrivit

(1) Les provinces du midi de la France voisines de l'Espagne en fournirent également un certain nombre.

à Louis XIV : « M. de Grouff, brigadier... étoit à la tête d'un détachement des Gardes Wallones d'Espagne qui ont fait des merveilles (1). »

Sous le commandement des maréchaux de Villeroy et de Boufflers, ils participèrent à toute la campagne de 1703 ; leur organisation s'acheva à Ath dans les derniers jours d'octobre, et, à la fin de décembre, le régiment partit pour l'Espagne.

Le corps était alors formé de deux bataillons de chacun treize compagnies, dont une de grenadiers ; chaque compagnie, commandée par un capitaine, un lieutenant et un sous-lieutenant porte-enseigne, était composée de deux sergents, trois premiers caporaux, cinq anspessades ou seconds caporaux, dix appointés ou soldats de première classe, vingt-huit simples soldats et deux tambours, soit en tout cinquante hommes, sans compter les officiers et les cadets, le nombre de ces derniers étant indéterminé. L'état-major comprenait un colonel, un lieutenant-colonel, un major, deux aides-majors, deux sous-aides-majors, un commissaire aux revues, un fourrier-major avec grade de lieutenant chargé de l'approvisionnement, un premier aumônier, un aumônier par bataillon, un chirurgien-major, un chirurgien par bataillon, un tambour-major.

Les règlements des Gardes Wallones furent ceux des Gardes Françaises dont elles portèrent à peu près l'uniforme ; un des aides-majors de ce dernier corps reçut l'ordre de se rendre en Espagne pour organiser le service.

D'après les estampes qui nous ont été conservées, les Gardes Wallones portaient, en 1740, l'habit entièrement ouvert avec le ceinturon bouclé sur la veste ; les bas rouges de la création firent alors place aux guêtres blanches.

(1) *Mémoires militaires relatifs à la Succession d'Espagne*, t. III, p. 75.

Les grenadiers avaient le bonnet d'oursin avec flamme à gland retombant par derrière. En 1761, l'uniforme se boutonnait jusqu'à la taille, et le ceinturon se bouclait par dessus l'habit. Une ordonnance du 2 décembre 1773 décrit ainsi l'uniforme qui, de 1702, jusqu'à la fin du XVIIIe siècle, ne paraît guère avoir changé :

TITRE II. — ARTICLE 1. — *L'habit et culottes de l'habillement des régiments des gardes doit être bleu avec la veste et devise rouge, le tout de drap travaillé dans mes domaines d'Espagne et de la meilleure qualité, garni de galons de fil blanc comme les caporaux et soldats s'en servent aujourd'hui.*

ART. 2. — *Ces individus et les tambours des Gardes Espagnoles auront la cocarde d'estame rouge, comme étant la devise de la Nation, et les Wallones auront aussi des cocardes d'estame rouge, mais, afin qu'il y ait quelque distinction, elles la porteront avec un petit fil noir sur les deux bords, d'une ligne de large.*

ART. 3. — *Les habits des tambours et fifres seront garnis d'une frange pareille à celle de ma maison royale, et les vestes, de galons de fil comme celles des caporaux et soldats.*

TITRE IV. — ART. 1. — *Le grand uniforme des officiers doit être composé d'un chapeau avec galon mousquetaire, plume rouge et cocarde de soie de même couleur, d'un habit de drap bleu doublé de serge de soie rouge et garni d'un galon d'argent sur toutes les coutures, du dessin qui est destiné pour les corps ; d'une veste et parements écarlates ; la veste sera garnie le long du bord d'un galon large du même dessin, ainsi que sur le haut et bas des pattes ; des culottes bleues avec des boutonnières et jarretières d'argent et bas blancs.*

ART. 2. — *Celui des Gardes Wallones sera seulement distingué des Espagnoles, d'un plumet blanc au chapeau et le filet noir à la cocarde.*

ART. 3. — *Outre le grand uniforme, les officiers de ces corps porteront continuellement le petit uniforme qui sera seulement garni d'un galon large aux parements le long du bord, aux pattes et aux plis de l'habit et la veste de la façon qu'ils la portent à présent, sans aucune variation.*

Art. 7. — *Les officiers auront toujours en leurs petits uniformes les distinctions qui leur correspondent pour les grades de l'armée qu'ils obtiendront, ainsi qu'il est prévu dans l'ordonnance générale (1).*

Art. 8. — *Tous les officiers useront aussi de fusils à baïonnette, fourniture, ceinturon et hausse col, lorsqu'ils seront sous les armes ou employés à mon service.*

Art. 9. — *Ces armes seront de même calibre, dimension et façon que celles qui seront signalées pour les autres corps de l'armée et dont ils usent actuellement ; les ceinturons et fournitures sur du velours rouge brodé et garnis d'un galon étroit comme celui que les grenadiers ont toujours porté ; celles des fusiliers seront plus petites.*

Art. 10. — *Les officiers auront des épées uniformes et, lorsqu'ils seront de garde, ils les auront en bandoullière.*

Art. 11. — *Les grands uniformes des sergents seront de drap bleu, parements d'écarlate et galons d'argent comme ils usent aujourd'hui, et la doublure de la même couleur et qualité.*

Art. 13. — *Les sergents gradués d'officier porteront sur leur petit uniforme la distinction qui leur correspondra par leur grade dans l'armée ; tant ceux-ci comme ceux qui ne le sont point, useront de la cocarde de soie.*

Art. 14. — *Les sergents de première classe seront distingués par deux épaulettes d'estame rouge et d'un fil d'argent mêlé sur les épaules de l'habit du petit uniforme, et ceux de la seconde en porteront une pareille sur la droite.*

Art. 15. — *Tous les sergents et fusiliers seront dorénavant, comme ceux des grenadiers, fournis de fusil, fourniture et ceinturon, toutes les fois qu'ils se mettront sous les armes, ou qu'ils seront de garde ; les ceinturons et fournitures seront d'écarlate, brodés et garnis d'un galon d'argent comme celui de leur uniforme ; et leur grandeur sera proportionnée à celle des officiers de leur classe.*

Art. 16. — *Les sergents devront également avoir, comme leurs officiers, des épées d'uniforme et les porter comme ceux-ci de la façon et dans les occasions ainsi qu'il est prévu.*

(1) Cette prescription concerne le port des épaulettes.

En 1802, l'habit porta un plastron rouge avec passepoils blancs comme celui de la veste.

Le drapeau était blanc, chargé de la croix de Bourgogne (écotée et alaisée de gueules) chaque branche de la croix surmontée d'une couronne royale d'or, et cantonnée au 1er et 4e d'une tour d'or, au 2e et 3e d'un lion de gueules.

Les prérogatives de la Garde Wallone étaient importantes; le régiment avait le pas sur les autres corps de l'armée, à l'exception des Gardes Espagnoles qui, seules, marchaient avant lui; entrer dans ses rangs pour le passer en revue, était un privilège réservé aux membres de la famille royale; le colonel devait être grand d'Espagne, et toujours censé de service auprès du Souverain dont il relevait directement; il pouvait pénétrer chez lui à toute heure du jour et de la nuit.

Aux Gardes Wallones, l'emploi et le grade différaient; on choisissait toujours les officiers supérieurs parmi les lieutenants-généraux et même les capitaines-généraux de l'armée; les capitaines avaient au moins le grade de colonel d'infanterie, beaucoup étaient brigadiers et quelques-uns lieutenants-généraux; les lieutenants et aides-majors possédaient le rang de lieutenant-colonel, les sous-aides-majors et les sous-lieutenants, celui de capitaine. A grade égal, ils commandaient aux officiers de l'armée. Les enseignes avaient également rang de capitaine, mais sans pouvoir commander à ceux de l'armée. Les six plus anciens sergents étaient lieutenants. — A de rares exceptions près, les emplois sont seuls indiqués dans les états de services relevés par le général Guillaume et qui ne vont pas plus loin que 1815.

Dans le principe, le régiment des Gardes Wallones ne pouvait être recruté que d'hommes originaires des Pays-Bas, terme élastique qui englobait une partie de la France. Cette clause fut reproduite dans l'ordonnance du 2 décembre 1773, mais ce mode de recrutement étant devenu insuffisant, on admit dans le corps des déserteurs de tous pays, on y laissa même à la fin entrer des Espagnols. Dans son *Dictionnaire militaire*, le général Bardin rappelle que, jusqu'à la Révolution française, il y eut à Liège un bureau de recrutement qui, chaque année, fournissait de cinq à six cents hommes aux Gardes Wallones. Pour y être reçu, il fallait avoir de 17 à 40 ans, au moins 5 pieds, 3 pouces et appartenir à une famille honorable. Les engagements se contractaient pour six ans en temps de paix et pour cinq ans en temps de guerre. Lorsque, par suite d'infirmité, blessure ou âge, les officiers ne pouvaient plus servir, ils étaient agrégés à l'état-major de quelque place forte, ou autorisés à se rapatrier. Dans l'une ou l'autre de ces positions, ils recevaient la solde entière affectée à leur grade. Après trente-cinq ans de services, les soldats se retiraient avec le rang de sous-lieutenant. Toutes les personnes appartenant au régiment, femmes, enfants, domestiques, jouissaient de la juridiction militaire et privée, tant au civil qu'au criminel; le colonel, leur juge suprême, était aidé par un assesseur général choisi parmi les conseillers de guerre en robe; un avocat fiscal exerçait les fonctions de ministère public. Si un homme, faisant partie du régiment, se trouvait détenu en vertu d'une juridiction étrangère, le colonel était en droit de le réclamer; dans le cas de complicité avec d'autres individus, tous devenaient justiciables du tribunal des Gardes Wallones, afin d'éviter la division de la procédure.

L'organisation du régiment fut plusieurs fois modifiée.

Par un décret du 6 juillet 1705, on le constitua à 4 bataillons de 7 compagnies, dont une de grenadiers; les compagnies eurent un effectif de 100 hommes et leur cadre s'augmenta d'un enseigne, grade qui n'avait pas été prévu à la formation du corps. La Garde Wallone eut alors environ 3000 hommes sous les armes.

Réorganisée en 1710 à 6 bataillons de 5 compagnies, dont une de grenadiers avec un effectif de 130 hommes par compagnie, sa force s'éleva à 3900 hommes.

Un autre décret d'octobre 1716 reconstitua le régiment à 4 bataillons et chaque compagnie à 100 hommes ; on reprit la formation de 1706 qui donnait des bataillons de 7 compagnies, dont une de grenadiers : mais en 1719, on réadopta le système des 6 bataillons à 7 compagnies de 100 hommes, ce qui porta son effectif à 4500. Au 1er janvier 1749, les compagnies de fusiliers furent réduites à 80 fusils et celles de grenadiers à 50 ; par suite, les capitaines de grenadiers reprirent des compagnies de fusiliers et des lieutenants commandèrent les grenadiers. Au 1er janvier 1760, toutes les compagnies furent remises sur le pied de 100 hommes et les capitaines de grenadiers, rétablis.

A partir de 1783, la physionomie du régiment commença à s'altérer par l'introduction d'éléments étrangers. Un décret du 3 avril 1803 le reforma à 3 bataillons de 7 compagnies, dont une de grenadiers. Celles des fusiliers étaient de 150 hommes, et des grenadiers de 100, ce qui portait chaque bataillon à 1000 baïonnettes, officiers non compris (1).

C'est à dater de cette époque que le colonel et le lieutenant-colonel cessèrent d'avoir des compagnies à eux.

Un décret de juillet 1815 incorpora dans la Garde Wallone deux régiments d'infanterie espagnole, et le français cessa d'être employé pour les commandements ; un autre décret du 1er juin 1818 supprima définitivement la dénomination de Garde Wallone ; le corps qui l'avait si glorieusement porté reçut le nom de deuxième régiment des royales gardes d'infanterie ; il fut licencié en 1822.

(1) Cf. Colonel Rouen, *Histoire de l'Armée belge*, p. 350.

III

CAMPAGNES DU CORPS

Guerres de la Succession d'Espagne (1703-1714). — Conquête de la Sardaigne (1717). — Expéditions en Sicile, en Navarre (1718) et sur la côte d'Afrique (1720). — Siège de Gibraltar (1726). — Conquête d'Oran (1732). — Campagnes d'Italie (1733-1748). — Campagne de Portugal (1762). — Expédition d'Alger (1775). — Blocus de Gibraltar (1779). — Défense d'Oran (1791). — Campagnes contre la République Française (1793-1795). — Défense de Cadix (1796). — Expédition de Guyane (1798). — Campagne de Portugal (1801). — Guerres de l'Indépendance (1808-1813).

Guerres de la Succession d'Espagne

(1703-1714)

On a vu plus haut que les Gardes Wallones reçurent le baptême du feu dans les Pays-Bas, le 30 juin 1703, et qu'à la fin de la même année, le régiment tout entier partit pour l'Espagne. Il fit la campagne de Portugal, et le 16 juillet 1704, au combat de Monte-Santo, les compagnies de grenadiers capturèrent deux bataillons hollandais. C'est à cette occasion que le sang des officiers wallons coula pour la première fois.

En octobre 1704, les Gardes Wallones furent employées au siège de Gibraltar occupé par les Anglais, la moitié du régiment y périt. Au bout de six mois d'efforts infructueux, on convertit le siège en blocus (30 avril 1705). D'abord envoyées à Cadix que menaçaient les flottes anglaises et hollandaises, les Gardes Wallones regagnèrent ensuite Madrid (1).

En décembre 1705, deux bataillons, commandés par le marquis de Roisin, allèrent réprimer une révolte dans le royaume de Valence. « Après avoir remporté sur les rebelles quelques avantages, le comte de Las Torres, général commandant en chef l'expédition, fit, dit le général Guillaume, brûler la ville de Cati et quelques autres lieux qui voulurent faire résistance, puis il se présenta devant VillaReal. Les habitants de cette ville ayant refusé de se rendre, on enfonça les portes et les troupes entrèrent dans la place. La résistance dura néanmoins encore pendant trois heures. Enfin, il fallut céder à la force. Les ecclésiastiques se présentèrent alors avec le Saint-Sacrement pour implorer la grâce des habitants ; le comte de Las Torres consent à faire cesser le combat, mais quelques forcenés, profitant de cette suspension d'armes, tuent cinq ou six officiers des Gardes Wallones. Ce manque de foi exaspère les troupes, et, dans leur fureur que les chefs ne peuvent maîtriser, elles massacrent les habitants. Trente officiers et un grand nombre de soldats du régiment furent tués ou blessés dans cette malheureuse affaire. »

Des deux bataillons revenus de Valence, en mai 1706, l'un resta à Madrid garder la Reine et l'accompagna lorsqu'elle dut se retirer à Burgos, l'autre alla rejoindre l'armée du maréchal de Berwick. A la fin de la campagne, le régiment tout entier rentra avec Philippe V dans la capitale.

Le 25 avril 1707, au combat d'Almanza contre les alliés dans le royaume de Murcie, un des bataillons soutint à

(1) Lire dans les *Mémoires du duc de Noailles*, t. III, p. 216, les intrigues ourdies à cette époque pour faire licencier le régiment.

Plusieurs Gardes Wallones furent assassinés en haine de l'étranger.

lui seul la charge furieuse de deux bataillons anglais et les repoussa. « Ce même bataillon exécute [ensuite] un quart de conversion sur la gauche de l'ennemi, le prend en flanc, porte le désordre dans ses rangs par ce mouvement plein d'audace ; il décide de la victoire à l'aile droite de l'armée espagnole » (1).

Cette campagne victorieuse s'acheva le 13 octobre par la prise de Lérida où les Gardes Wallones déployèrent une valeur à laquelle le duc d'Orléans, le futur Régent, qui commandait l'armée espagnole, rendit un éclatant hommage.

Comme son aïeul Henri IV, Philippe V était obligé de conquérir, province à province, son royaume. La campagne de 1708 eut pour objectif de dompter la Catalogne. Un corps français, sous les ordres du duc de Noailles, devait pénétrer en Espagne par le Roussillon pour aider aux opérations projetées en Catalogne. Les Gardes Wallones rejoignirent l'armée le 22 mai ; deux jours après, elles franchirent l'Ebre et le 12 juin, assistèrent à l'investissement de Tortose qui capitula le 11 juillet, grâce, pour une part, à leur valeur. Au commencement de décembre, la ville s'étant, de nouveau, trouvée menacée par les Autrichiens, les Gardes Wallones qui avaient suivi l'armée, revinrent en hâte se jeter dans la place où elles passèrent la fin de l'hiver. Au printemps suivant, elles accompagnèrent le corps destiné à agir en Estramadure et contribuèrent, le 7 mai, à la victoire de la Gudina qui refoula chez eux les Portugais. Après avoir gardé quelque temps les frontières de l'Estramadure, les Gardes Wallones retournèrent en Catalogne faire partie de l'armée du comte d'Aguilar. Le reste de la campagne se passa sans grands événements.

(1) *Guillaume*, p. 49.

Le 3 mai 1710, Philippe V quitta Madrid avec la Garde Wallone pour prendre le commandement de ses troupes. Le 20 août, le corps entier donna à la célèbre bataille de Saragosse; il y fit, rapporte le général Guillaume, des prodiges de bravoure : « Le régiment des gardes résiste avec une admirable fermeté au choc de vingt-quatre bataillons ennemis ; environné de toutes parts après un combat acharné qui dure depuis plus de deux heures, il parvient néanmoins à se faire jour à la baïonnette au travers des masses ennemies et enlève encore trois drapeaux... Vainement les Anglais, pénétrés d'admiration à la vue de tant de courage, lui crient *bon quartier*, les officiers répondent *sans quartier* et continuent d'avancer jusqu'à ce qu'ils tombent à leur tour. Heureusement les dragons d'Asturie et de Castille viennent au secours du régiment, et par deux charges vigoureuses qu'ils exécutent sur les flancs de l'ennemi, ils parviennent à peine à dégager les héroïques soldats wallons. Ce fut encore un des bataillons du régiment qui couvrit la retraite et sauva, par sa bonne contenance, les débris de l'armée espagnole. Les Gardes Wallones laissèrent sur le champ de bataille 1,100 hommes, au nombre desquels le duc d'Havré, colonel du régiment, mortellement atteint dès la première décharge. Des compagnies de 56 hommes se trouvèrent réduites à 8 ou 10 ; pas une seule n'en comptait plus de 25. »

Philippe V, après ce désastre, était retourné à Madrid essayer de reconstituer son armée. Au mois d'octobre, il repartit, avec huit bataillons de gardes espagnoles et wallones, rejoindre ses troupes sur le Douro. Les alliés qui étaient entrés à Madrid, le quittèrent le 11 novembre ; le Roi se mit à leur poursuite, rentra dans sa capitale le 3 décembre et le 9, prit d'assaut Brihuega. Les grenadiers et 100 hommes de chaque bataillon des Gardes Wallones figurèrent à cette action où 5.000 Anglais furent, après une lutte acharnée, contraints de se rendre.

« Cette conquête achevée, continue le général Guillaume, toutes les forces espagnoles furent dirigées contre le général comte de Staremberg qui s'était mis en mouvement pour secourir Brihuega, mais qui n'avait pu dépasser Villa-Viciosa au moment où la garnison capitulait. Les deux armées se trouvèrent en présence le lendemain. On était au 10 décembre. Le Roi, entraîné par son ardeur, voulut attaquer immédiatement. Les Gardes Wallones donnent, cette fois encore, l'exemple de l'intrépidité. Ces troupes s'avancent résolument sous le feu de l'ennemi, traversent les deux lignes d'infanterie, culbutent le corps de réserve et enfoncent un bataillon carré au milieu duquel le général de Staremberg avait cherché un refuge. Heureusement pour l'ennemi, la nuit vint favoriser sa retraite et mettre fin au combat. Le régiment des Gardes Wallones prit ce jour-là une éclatante revanche des pertes qu'il avait essuyées sous les murs de Saragosse : 8 bataillons ennemis tombèrent sous ses coups et 14 drapeaux anglo-autrichiens furent le contingent qu'il fournit au glorieux lit que, suivant la tradition, le maréchal de Vendôme dressa à Philippe V sur le champ de la victoire. M. du Mont de Gages, capitaine aux Gardes Wallones, avait à lui seul, pris trois étendards à l'ennemi. »

Le 5 janvier 1711, les Gardes Wallones, entrèrent dans Saragosse à la suite du Roi vainqueur.

Les alliés n'avaient plus que deux positions importantes en Catalogne : Barcelone et Tarragone ; les années 1711 et 1712 se passèrent à les leur disputer en vain. Les Gardes Wallones firent ces deux campagnes avec honneur, elles participèrent au siège de Gironne et à la prise de Venasque. Le 18 septembre 1711, le duc de Vendôme qui commandait l'armée espagnole, voulant chasser l'ennemi du camp de Calaf, deux compagnies du régiment se distinguèrent particulièrement en arrêtant, pendant plus d'une heure, jusqu'à l'arrivée des renforts, quatre bataillons anglais qui tentaient de forcer le passage d'un ruisseau.

Le 17 novembre suivant, les Gardes Wallones, contribuèrent pour beaucoup à la prise de Cardonne : sous les ordres du baron d'Huart, elles s'emparèrent de Canfranc, repaire des Miquelets qu'elles allèrent ensuite poursuivre et traquer dans les montagnes.

Les Catalans n'avaient jamais voulu reconnaître l'autorité de Philippe V, aussi, une fois la paix conclue avec les alliés, Barcelone devint-il le refuge de tous les rebelles. Cette place résista quatorze mois aux armées réunies de France et d'Espagne, et le maréchal de Berwick ne parvint à y pénétrer qu'après soixante-trois jours de tranchée ouverte. Les Gardes Wallones prirent part à presque toutes ces affaires ; le 12 août, le chevalier de Rèves qui commandait les grenadiers réunis de tout le régiment, les conduisit à l'assaut du bastion Sainte-Claire dont la brèche fut, pendant trois jours, le théâtre d'un affreux carnage.

Le 11 septembre 1714, lorsque l'on donna l'attaque générale qui amena la reddition de la ville, les mêmes grenadiers cherchèrent à franchir les brèches pratiquées derrière les couvents Saint-Pierre et Saint-Augustin. Le bastion Saint-Pierre fut pris et repris onze fois de suite par les grenadiers wallons et espagnols qui y périrent presque tous ; une compagnie eut 112 hommes de tués sur 130 ! Pas une seule n'en conserva plus de 25.

La Catalogne était soumise.

Le 11 avril 1713, date de la paix d'Utrecht, les rois d'Espagne perdirent la souveraineté des Pays-Bas, et de sujets dont elle était en grande partie composée, la Garde Wallone ne le fut plus que d'étrangers; seule, la religion du souvenir les attachait encore à la fortune de leurs anciens maîtres.

Conquête de la Sardaigne (1717). — Expédition en Sicile, en Navarre (1718) et sur la côte d'Afrique (1720).

Sur les conseils d'Alberoni rêvant pour l'Espagne la reconstitution du Saint-Empire, Philippe V résolut de conquérir la Sardaigne qui était alors sous la domination allemande. Un corps de 8,000 hommes fut chargé de cette expédition. Les Gardes Wallones, qui en faisaient partie, s'embarquèrent à Barcelone à la fin de juillet 1717, débarquèrent dans l'île le 18 août, et coopérèrent le 13 septembre à la prise de Cagliari. Les Autrichiens s'étant retirés peu de temps après, on rapatria le corps expéditionnaire vers la fin de novembre.

Encouragé par ce premier succès, le Roi décida d'attaquer la Sicile à l'aide de 30,000 hommes, au nombre desquels les Gardes Wallones qui, de nouveau, s'embarquèrent à Barcelone le 17 juin 1718 pour atterrir le 1er juillet. On s'empara successivement de Castellamar, de Messine, de Palerme et les Impériaux furent définitivement battus à Francavilla.

Une coalition de l'Autriche, de l'Angleterre et même de la France, ayant enjoint à l'Espagne de renoncer à ses prétentions sur l'Italie et les Pays-Bas, Philippe V repoussa cet ultimatum et augmenta ses troupes.

Il leva à cette occasion deux nouveaux bataillons de Garde Wallone qui l'accompagnèrent en Navarre et se trouvèrent au siège d'Urgel. Les anciens ne revinrent de Sicile qu'à la paix signée à La Haye en 1720. Le régiment débarqua en Espagne au commencement de juin, après avoir cruellement souffert dans l'île, de disette et de maladies.

Le 15 octobre 1720, 17 compagnies furent désignées pour faire partie d'une expédition contre les Maures qui inquiétaient depuis longtemps les colonies espagnoles d'Afrique. Après avoir pris Ceuta, en face de Gibraltar, et chassé les Musulmans de toutes les possessions de Philippe V, le corps expéditionnaire rentra en Europe.

Siège de Gibraltar (1726). — Expédition d'Oran (1732).

L'Espagne et l'Autriche ayant contracté une alliance offensive et défensive, l'Angleterre, unie par un traité avec la France, la Prusse et la Hollande, envoya sa flotte bloquer Porto-Bello. Philippe V répondit en assiégeant Gibraltar où arrivèrent, le 1er février 1727, trois bataillons de Garde Wallone. Ils y demeurèrent pendant tout le siège qui n'aboutit pas et retournèrent à Barcelone après la paix, en février 1728.

Les Maures ayant, en 1732, inquiété de nouveau les établissements espagnols d'Afrique, Philippe V résolut de reconquérir Oran que l'Espagne avait possédé jusqu'en 1708. 28,000 hommes, dont quatre bataillons de Garde Wallone, débarquèrent le 21 juin dans la baie du Cap Falcon, et le 1er juillet, Oran fut repris. La place de Mazalquevir capitula ensuite à condition de ne traiter qu'avec les grenadiers wallons, ce qui suscita un grave conflit entre le commandant en chef de l'expédition, comte de Montemar et le colonel des Gardes. Finalement, M. de Montemar céda et accepta les termes de la capitulation ; cette mésintelligence fut cause du départ des Gardes

Wallones qui se rembarquèrent le 3 juillet pour Barcelone. Cependant l'ennemi ayant repris l'offensive, le marquis de Santa-Crux qui avait été chargé d'occuper Oran, demanda des renforts d'urgence, on lui expédia six bataillons et les compagnies de grenadiers wallons dont trois relâchèrent à Alicante et à Malaga. Les trois autres arrivèrent à Oran au moment où Santa-Crux s'apprêtait à attaquer les Maures dans leur camp retranché. Cette tentative réussit, mais en poursuivant l'ennemi en fuite, l'armée espagnole se vit enveloppée par un tourbillon de plus de 3,000 cavaliers arabes. Une déroute complète s'ensuivit où Santa-Crux trouva la mort.

Les débris de l'expédition se rallièrent à Oran et quelques jours après la Garde Wallone rentra à Barcelone, ainsi que ses compagnies qui avaient relâché en route.

Campagnes d'Italie

(1733-1748)

Dans le but de soutenir l'élection de Stanislas, beau-père de Louis XV, au trône de Pologne, la France et l'Espagne s'allièrent en 1733 pour attaquer l'Autriche, tant en Allemagne, qu'en Italie. Quatre bataillons des Gardes Wallones firent partie du corps expéditionnaire qui débarqua dans le pays de Gênes, le 17 décembre.

Voici comment le général Guillaume raconte cette glorieuse campagne qui s'ouvrit au printemps de 1734 : « Un bataillon fut destiné au siège du château de Baïa ; il s'empara de cette position pendant qu'un autre bataillon faisait tomber tous les forts qui couvrent la ville de Naples. Naples s'étant rendue à son tour, l'Infant Don Carlos (plus tard Charles III) y fit son entrée le 10 mai. Immédiatement après cette conquête, on apprit que 7,000 Allemands étaient réunis dans la terre de Bari... Le 24 mai [le comte de Montemar, commandant de l'expédition] trouve l'ennemi retranché près de Bitonto... l'attaque avec intrépidité et reste maître du champ de bataille après une lutte qui coûte 2,600 hommes aux Impériaux... Les Gardes Wallones eurent les honneurs de cette journée qui décida du sort du royaume de Naples ; ce furent elles qui culbutèrent l'aile droite des Autrichiens et la mirent dans une telle deroute, qu'elle entraîna le gros de l'armée. Le régiment eut 2 capitaines tués, 15 officiers blessés, la perte en hommes fut de 300.

« Le 5e bataillon des Gardes Wallones s'embarqua vers la même époque à Barcelone et arriva à Naples dans le courant de juin. Le comte de Montemar, créé duc de Bitonto, forma alors, des compagnies de grenadiers des Gardes Wallones, une réserve d'élite sous le nom de *Grenadiers réunis*.

« Deux bataillons du régiment et les *Grenadiers réunis*, prirent part aussi au siège de Gaëte (6 août), les trois autres assistèrent à la prise de Capoue dont la soumission entraîna celle du royaume de Naples. Il ne restait plus à conquérir que la Sicile ; trois bataillons du régiment et les *Grenadiers réunis* s'embarquèrent à Naples le 24 août, et abordèrent le 28 à Paradiso (près de Messine) ; 20,000 Autrichiens furent défaits dans plusieurs rencontres ; il ne resta bientôt plus d'autres refuges à leurs débris que la citadelle de Messine qui se rendit le 22 février 1735. Palerme avait ouvert ses portes sans résistance ; don Carlos proclamé roi le 23 mai, fut couronné le 3 juillet 1735. Après la prise de la citadelle de Messine, il ne restait, dans toute la Sicile, que la forteresse de Syracuse et quelques positions peu importantes au pouvoir des Impériaux. Les trois bataillons des Gardes Wallones prirent part au siège du château de Gonzague et à la prise de Syracuse, puis ils se rembarquèrent à Melazzo le 3 août, arrivèrent à Livourne le 22, et allèrent rejoindre dans la Lombardie les autres fractions du régiment. A l'époque où ces trois bataillons étaient partis pour la Sicile, deux autres... avaient été envoyés en Italie où ils assistèrent avec l'armée française aux sièges de Mont-Philippe, de la Mirandole et de Porto-Hercules.

« En 1736, la paix fut signée à Vienne ; les 5 bataillons des Gardes Wallones s'embarquèrent à Livourne et rentrèrent à Barcelone le 9 avril. »

Charles VI, empereur d'Allemagne, étant mort en 1740, Philippe V envoya, à la fin de l'année suivante, 12,000 hommes en Lombardie afin de revendiquer les provinces jadis soumises à la domination espagnole, que l'Allemagne y possédait. M. de Montemar, général en chef de l'expédition, ne put empêcher les Austro-Sardes d'occuper les duchés de Modène et de Reggio, et il se replia sur le royaume de Naples. L'armée, forte de 18,000 hommes, alla ensuite hiverner à Bologne d'où elle sortit le 5 février 1743 pour, trois jours après, mettre en déroute les Autrichiens, à Campo-Santo, dans le duché de Modène. Le lieutenant-général du Mont de Gages, à la tête des Gardes Wallones, s'y distingua de telle sorte qu'il fut créé comte de Campo-Santo. Le régiment perdit 4 officiers et 150 hommes. Après être rentrées dans Bologne et avoir passé l'été en Romagne avec l'armée, les Gardes Wallones demeurèrent à Rimini jusqu'à la fin de l'année. Attaqués au printemps de 1744 par des forces trop supérieures, les Espagnols, commandés par M. de Gages, se replièrent sur le royaume de Naples et firent, selon l'expression de Jean-Jacques Rousseau, « cette mémorable retraite, la plus belle manœuvre de guerre de tout le siècle, et dont l'Europe a trop peu parlé ».

« Le régiment des Gardes Wallones, dit le général Guillaume, et les *Grenadiers réunis*... marchèrent constamment à l'arrière-garde et, entr'autres faits d'armes, ils enlevèrent à la baïonnette, la montagne fortifiée de la Fayola (17 juin) ; ils y prirent 5 pièces de canon, firent prisonnier le général Pistalochy et forcèrent un bataillon de 500 hommes à poser les armes. »

M. de Gages réunit ensuite ses troupes à l'armée napolitaine commandée par le roi don Carlos, qui était entrée dans les états pontificaux et avait établi son quartier général à Velletri, situé sur une hauteur, à 6 lieues de Rome : mais « dans la nuit du 10 au 11 août, 6,000 Autrichiens pénètrent inopinément dans la place ; les sentinelles sont égorgées, tous ceux qui tentent de se défendre sont passés au fil de l'épée, les autres sont faits prisonniers, le Roi allait être pris, quand le baron d'Huart, commandant du bataillon des *Grenadiers réunis* des Gardes Wallones, arrive avec un détachement de ce corps d'élite... don Carlos se met à la tête de cette poignée de braves ; le comte de Gages survient et tombe avec intrépidité sur les agresseurs. En un instant, les Autrichiens sont culbutés et la ville est reconquise... Ce furent les Gardes Wallones qui souffrirent le plus dans cette entreprise...

« L'armée quitta Velletri le 1er novembre et poursuivit l'ennemi jusqu'à Foligno. Le lieutenant-général marquis d'Houchin qui commandait l'avant-garde, ayant sous ses ordres une partie du régiment des Gardes Wallones et les *Grenadiers réunis*, s'avança jusqu'à Nochera où s'était réfugié un corps de 1,500 *capetas*, ou fusiliers de la reine de Hongrie. Ces *capetas* firent une résistance désespérée et tinrent pendant trois jours avant de se rendre à discrécrétion. Comme ils comptaient dans leurs rangs bon nombre de déserteurs de l'armée espagnole, les uns furent condamnés à être pendus, d'autres à passer par les armes, le reste fut envoyé aux galères » (1).

Les Gardes Wallones hivernèrent à Orvieto. Le 27 février 1745, l'armée quitta ses cantonnements pour faire sa jonction, dans le pays de Gênes, avec une autre armée franco-espagnole commandée par l'Infant don Philippe, puis on délogea l'ennemi de Voltarego. « Partout où les Gardes Wallones se présentèrent, dit le général Guillaume, l'ennemi se retira sans opposer de résistance. » On commença après le siège de Saraval où assistèrent quelques détachements du corps ; on envoya trois bataillons à l'armée de don Philippe ; les trois autres, demeurés avec celle du comte de Gages, furent employés au siège de Tortone : ils prirent ensuite part à la conquête des duchés de Parme, de Plaisance et à la surprise de Pavie.

« L'armée des trois couronnes (2) étant réunie sur les bords du Tanaro, les chefs résolurent d'attaquer l'ennemi et de le débusquer de la rive opposée (25 novembre). Ce fut aux Gardes Wallones qu'on confia le soin de commencer l'attaque et de préluder à une des plus sanglantes batailles de toute la guerre.

« Cinq bataillons du régiment se formèrent en colonne et franchirent le Tanaro au gué de Bassignana, à peu de distance du Pô... les Austro-Sardes furent immédiatement culbutés » (3). Après quarante-huit heures de repos bien gagné, deux bataillons des Gardes Wallones partirent pour coopérer aux sièges d'Alexandrie et de Valence,

(1) *Guillaume.*

(2) Espagne, France et Naples.

(3) *Guillaume.*

les trois autres demeurèrent avec le comte de Gages qui, une fois ces villes prises, alla, avec les cinq bataillons, s'emparer de Cassal, puis il rejoignit à Pavie le corps du marquis d'Houchin. Le 9 décembre, deux bataillons furent encore détachés en vue de participer à l'occupation du Milanais, les autres demeurèrent à Bia de Gras, afin de protéger un pont jeté sur le Tessin et les quartiers de Vigevano.

Au printemps de l'année suivante (1746), l'ennemi ayant reçu d'importants renforts, les Espagnols perdirent leurs conquêtes précédentes et M. de Gages fut obligé, pour secourir le marquis de Castellar enfermé dans Parme, d'envoyer une division à laquelle les Gardes Wallones fournirent 3 demi compagnies de grenadiers et 6 détachements. Avec le reste de ses troupes, M. de Gages occupa les défilés du Taro, et aussitôt Parme délivrée, il rallia ses détachements et se retira sur Plaisance. « Le lieutenant-général comte Pignatelli, chargé de couvrir la retraite avec tous les grenadiers de l'armée, repoussa plusieurs fois l'ennemi, lui prit 10 drapeaux et fit prisonnier dans Codono, le 7 mai, le général comte de Gros qui remit son épée au capitaine Boniface Descaley, aide-major aux Gardes Wallones. Les grenadiers des Gardes Wallones eurent les honneurs de la journée : 50 des leurs restèrent sur le champ de bataille, le comte de Scepeaux, maréchal de camp et capitaine de grenadiers y fut tué, ainsi que plusieurs autres officiers.

« Le 16 juin eut lieu la malheureuse bataille de Plaisance. Les armées de France et d'Espagne avaient fait leur jonction ; les généraux de Gages et de Maillebois dirigèrent leurs troupes en deux colonnes sur les retranchements des Austro-Sardes. Les Gardes Wallones qui tenaient la tête de la colonne de gauche, furent chargées de commencer l'attaque à l'aube. L'ennemi était couvert par le Pô-Morte qu'il fallait franchir sur un pont construit à la hâte et à peine assez large pour trois hommes de front. Les Wallons le traversent au pas de charge, débouchent sur la rive opposée, attaquent les retranchements ennemis, sont repoussés... et s'emparent enfin de la position après sept attaques successives » (1). Cette lutte acharnée durait depuis trois heures lorsque 25 bataillons frais arrivèrent renforcer l'ennemi. Les Gardes Wallones, abandonnées à elles-mêmes, furent obligées de se retirer, mais en emportant deux canons dont elles s'étaient emparées : 1,800 hommes et 80 officiers restèrent sur le champ de bataille. Après ce désastre, l'armée rallia la garnison de Plaisance et repassa le Pô le 9 août ; elle s'établit près des rives du Tidone, là, se trouvant cernée par les Austro-Sardes, elle résolut de s'ouvrir un passage. Pour ce faire, elle traversa le Tidone dans la nuit du 9 au 10. Attaquée au point du jour, elle repoussa l'ennemi à l'aide des Gardes Wallones qui chargèrent plusieurs fois sous la conduite de M. de Gages. Le corps eut, dans cette affaire, 600 hommes et 32 officiers hors de combat, soit près de moitié de l'effectif engagé. Grâce à cette héroïque intervention, l'armée put se retirer saine et sauve.

La mort de Philippe V, survenue le 12 juillet 1746, fournit au comte de Gages, qui s'était glorieusement conduit malgré ces revers, un prétexte pour demander son rappel ; le 15 août suivant, il remit le commandement au marquis de Las Minas et retourna à Madrid.

L'armée, continuant sa retraite, franchit le Var et entra en France ; les Gardes Wallones se distinguèrent encore pendant cette marche. D'abord cantonnées à Saint-Rémy,

(1) *Guillaume.*

elles durent courir au secours des Français, menacés par les Impériaux qui venaient de pénétrer en Provence. On compléta ensuite deux bataillons, et les débris des autres furent renvoyés en Espagne.

En janvier 1747, l'ennemi ayant, de nouveau, pénétré en Provence, une colonne dont faisaient partie les deux bataillons réorganisés, fut dirigée vers Grasse et se mit à la poursuite des Austro-Sardes qui repassèrent le Var. Les Gardes Wallones allèrent après hiverner à Montpellier. Au printemps, elles prirent part aux sièges de Villefranche et de Saint-Alban dans le comté de Nice, puis campèrent près de Vintimille. A ce moment, il arriva d'Espagne deux nouveaux bataillons. Après avoir contribué à faire lever le siège de Vintimille, les Gardes Wallones regagnèrent Montpellier où les trouva la paix d'Aix-la-Chapelle (16 octobre 1748). Elles s'embarquèrent alors pour l'Espagne à destination de Tarragone où était le dépôt du régiment.

Campagne de Portugal (1762). — Expédition d'Alger (1775). — Blocus de Gibraltar (1779). — Défense d'Oran (1791).

En vertu du pacte de famille, signé à Madrid en 1761 entre les rois de France, d'Espagne, de Naples et le duc de Parme, Charles III déclara la guerre au Portugal qui avait refusé d'abandonner le parti de l'Angleterre. Au printemps de 1762, une armée, dont faisaient partie 5 bataillons de Garde Wallone, pénétra dans le Portugal et s'empara de plusieurs villes. La paix fut signée à Fontainebleau à la fin de l'année.

En mars 1766, des troubles éclatèrent à Madrid à l'occasion de changements que le Roi voulait introduire dans les usages espagnols. Le palais fut envahi et les émeutiers, repoussés par le 4e bataillon des Gardes Wallones qui était de service.

Le peuple exigea alors l'éloignement de cette garde et le désordre prit de telles proportions, que Charles III lui-même fut contraint de se retirer au château d'Aranjuez. Le général Guillaume raconte que « vers le soir, le Roi s'étant mis à la fenêtre, voit briller des armes dans un tourbillon de poussière ; il s'imagine que le peuple de Madrid le poursuit et immédiatement il ordonne son départ. Au milieu de la confusion qui règne dans l'entourage royal, un officier qui avait été reconnaître le corps en marche, vient annoncer que ces troupes sont les Gardes Wallones. — Qu'on me débotte, dit le Roi, je suis tranquille, mes gardes arrivent, je vais me reposer. C'était en effet le 4e bataillon des Gardes Wallones qui, le matin, avait été dirigé sur Caramanchel ; il avait fait 7 lieues d'Espagne en 3 heures pour voler au secours de son souverain ». Le Roi décida alors qu'à l'avenir, indépendamment du bataillon de garde, il y en aurait un second pour servir d'escorte à la Cour partout où elle se rendrait. Le bataillon de service près du Roi occupait une garnison voisine de la capitale ; il était relevé tous les deux ans. Les quatre autres résidaient en Catalogne.

Trois bataillons (1er, 2e et 5e), forts de 21,000 hommes (1), prirent, en 1775, part à l'expédition entreprise pour châtier les Algériens dont les pirates infestaient la Méditerranée et ravageaient les côtes de Catalogne et d'Andalousie.

Le corps expéditionnaire s'embarqua à Barcelone le 8 mai. On mit à la voile le lendemain, mais le 15, une tempête obligea de relâcher à Carthagène, d'où l'on ne

(1) Ce fut à ce moment qu'officiers et sergents des Gardes Wallones abandonnèrent espontons et hallebardes pour des fusils.

repartit que le 22 juin pour être encore arrêté par une nouvelle tempête, dans la rade de la Sabida, à 4 lieues de Carthagène. Le 25 enfin, on se remit en route, et le 1er juillet la flotte espagnole entra dans la baie d'Alger. Le débarquement eut lieu le 8, à la pointe du jour.

« Le 1er bataillon des gardes, soutenu par les 3 compagnies de grenadiers et par un détachement de chasseurs, prit terre en face de l'ennemi. Les grenadiers se portèrent immédiatement en avant, pendant que le bataillon se formait en bataille » (1). Les deux autres bataillons atterrirent peu de temps après et tous trois se placèrent obliquement sur le flanc gauche de l'armée espagnole.

A 9 heures du matin, les Wallons reçurent l'ordre de se former par pelotons en colonne d'assaut, grenadiers en en tête, et d'enlever les retranchements des Maures. Ceux-ci ne purent supporter le choc et s'enfuirent dans les montagnes ; l'ennemi, toutefois, parvint à se maintenir sur ses autres positions, et, à midi, les généraux espagnols firent cesser le feu et rallier les troupes sur la plage. Les pertes des Gardes Wallones s'élevèrent au chiffre formidable de 4 officiers, 636 sous-officiers et soldats tués. Le régiment débarqua en Espagne le 16 juillet.

En 1778, les hostilités ayant éclaté entre la France et l'Angleterre à propos de l'insurrection des colonies américaines, le roi d'Espagne qui désirait vivement reconquérir Mahon et Gibraltar, rompit, le 16 juin 1779, en vertu du pacte de famille, la paix avec l'Angleterre. Dans les derniers jours de septembre, les 3e et 4e bataillons des Gardes Wallones se trouvèrent devant Gibraltar. L'année suivante, les 1er et 6e bataillons vinrent les y rejoindre. Ce blocus, converti en siège par le duc de Crillon, dura

(1) *Guillaume.*

plus de deux ans, sans succès ; le comte d'Artois et le duc de Bourbon y combattirent en qualité de volontaires. On rendit au premier les mêmes honneurs qu'aux Infants d'Espagne et les Gardes Wallones montèrent la garde près de sa personne. On renonça enfin à s'emparer de Gibraltar et la paix, qui fut conclue en janvier 1783, rendit du moins à l'Espagne Minorque et la Floride.

En 1791 un détachement des Gardes Wallones contribua à la défense d'Oran quand cette place, possédée par l'Espagne depuis 1732, fut assiégée par le bey Mohammed. Ce fut la fin de la domination espagnole en Algérie.

Campagnes contre la République Française

1793-1795

A la mort de Louis XVI, Charles IV déclara la guerre à la République ; 35,000 hommes (au nombre desquels figuraient les 1er, 2e et 6e bataillons des Gardes Wallones), sous les ordres du général Ricardos, gouverneur de la Catalogne, pénétrèrent dans le Roussillon. La campagne des Pyrénées-Orientales et la lutte héroïque engagée par les généraux de Flers et Dagobert pour repousser l'invasion, sont assez connues pour qu'il soit superflu de les rappeler ici. Disons seulement que les Wallons s'y montrèrent constamment à la hauteur de leur ancienne réputation. Après la prise d'Argelès qui termina la première campagne contre la République, les Gardes Wallones allèrent à Céret prendre leurs quartiers d'hiver.

Les hostilités recommencèrent en avril 1794. Les Républicains ayant, le 28, voulu s'emparer de la redoute de la Palmera, elle fut sauvée par les 1er et 2e bataillons des Gardes Wallones. Les 30 avril et 1er mai, les Espagnols, en perdant la bataille du Boulou, évacuèrent toute la plaine du Roussillon ; les Wallons, placés sur les hauteurs de Céret, couvrirent la retraite de l'armée et contribuèrent, par leur vaillance, à en sauver les débris.

Peu de jours après, le 19 mai, les Espagnols, pour essayer de réparer ce désastre, attaquèrent à Saint-Laurent de la Muga, la division du général Augereau. Les Gardes Wallones déployées en tirailleurs sur l'un des versants de la Magdeleine, soutinrent pendant plus de huit heures un sanglant combat qui s'acheva dans les horreurs d'une guerre civile. Les Républicains vainqueurs refusèrent tout quartier à ces adversaires de même langue et dont beaucoup étaient Français : « l'acharnement fut tel, raconte le général Guillaume, que l'on vit des volontaires du 2e bataillon de la Haute-Garonne, étouffer dans leurs étreintes de malheureux fuyards qui s'étaient enlacés à eux pour éviter leurs baïonnettes ». Le 29 août, le général La Union, qui avait remplacé Ricardos, attaqua l'armée républicaine pour essayer de sauver la garnison de Bellegarde. Les Gardes Wallones qui avaient bien des morts à venger, assaillirent leurs adversaires sur les hauteurs de la Muga et s'emparèrent de leur artillerie, mais les Français demeurèrent finalement maîtres du terrain et de nouveau refusèrent tout quartier aux vaincus. Pendant le reste de cette campagne de 1794 où les Espagnols n'essuyèrent plus que des revers, le régiment wallon fut du petit nombre de ceux qui conservèrent leurs drapeaux. Le 24 décembre, il alla hiverner à Puéblos de Pont-Major de Saria.

Au printemps de 1795, l'armée française ayant pris l'offensive, les Espagnols se préparèrent à défendre l'entrée de la Catalogne. Durant cette dernière campagne, les Gardes Wallones trouvèrent encore plusieurs occasions de se distinguer. Au mois de juin, les trois bataillons reçurent l'ordre de se rendre à l'armée de Navarre. Après s'être arrêtés un mois à Barcelone pour réparer leur habillement, ils se mirent en route pour Pampelune et y arrivèrent le 30 juillet. A ce moment, la paix de Bâle leur fit rejoindre la portion du régiment dont ils avaient été séparés depuis le début des hostilités. Cette autre portion, composée des 3e, 4e et 5e bataillons, avait été incorporée en 1793 dans l'armée de Navarre qui se borna seulement à garder la frontière et n'eut pas à livrer de grands combats. Cependant, le 1er août 1794, les Républicains ayant brusquement assailli la division chargée de garder le passage de la Bidassoa, les Espagnols furent mis en déroute. Les Gardes Wallones qui formaient l'arrière-garde, protégèrent la retraite et, grâce à leur héroïque défense, le reste de la division parvint à s'échapper en gagnant Hernani. Le régiment tout entier quitta Pampelune le 10 octobre 1795 et après s'être arrêté 20 jours à deux lieues de Madrid pour être habillé à neuf, il fit, le 19 novembre, sa rentrée dans la capitale.

Défense de Cadix (1796). — Expédition de Guyane (1798). — Campagne de Portugal (1801).

La paix de Bâle avait mis fin à la guerre, mais l'alliance conclue, le 8 août 1796, entre la France et l'Espagne, donna le signal des hostilités avec l'Angleterre. La flotte espagnole, battue par les Anglais, vint se réfugier dans le port de Cadix qui fut bloqué. La garnison, parmi laquelle étaient plusieurs bataillons de Gardes Wallones, se conduisit bravement.

L'Espagne ayant résolu d'aider les Hollandais à se maintenir en Guyane, un corps expéditionnaire dont faisaient partie 600 Wallons, s'embarqua à Cadix en octobre 1798 : il atteignit Cayenne le 20 janvier suivant, puis, quelques jours après, la flotte alla mouiller aux îles du Diable et du Salut. Le 15 février, les troupes atterrirent à la Nouvelle-Amsterdam où elles passèrent six mois, dépourvues de tout. Le 12 août, apparut une escadre anglaise, composée de 18 voiles, et le 16, la garnison fut sommée de se rendre. Un conseil de guerre décida qu'il était inutile de résister ; les officiers des Gardes Wallones demandèrent néanmoins à combattre, mais leur commandant répondit qu'il était subordonné au gouverneur. La reddition eut lieu le 20 ; on embarqua les prisonniers pour la Martinique où ils arrivèrent le 14 septembre. Les Wallons furent ensuite rapatriés par un bâtiment parlementaire qui, après 53 jours de traversée, les déposa à Ribadeo, en Galice.

Le 27 février 1801, l'Espagne, à l'instigation de la France, déclara la guerre au Portugal.

Le 20 mai 1801, une armée, dont faisaient partie quelques détachements de Gardes Wallones, entra dans le pays ennemi et s'empara de plusieurs villes, mais la paix fut conclue peu de temps après.

Guerres de l'Indépendance

(1808-1813)

Au printemps de 1808, une armée française de 100,000 hommes envahit l'Espagne : Barcelone, qui avait pour garnison le 2e bataillon des Gardes Wallones, tomba en notre pouvoir le 27 février.

Charles IV se réfugia à Aranjuez avec le premier bataillon qui, après l'abdication de ce prince, rentra à Madrid le 24 mars, escortant le nouveau roi Ferdinand VII. Murat venait d'être nommé lieutenant-général du royaume, et était entré la veille dans la capitale avec de nombreuses troupes ; il ordonna que les Gardes Wallones fussent incorporées dans l'armée du maréchal Moncey ; mais ce premier bataillon déserta en masse et passa du côté des défenseurs de la nation espagnole. Le régiment s'émietta dès le début des hostilités : des compagnies, parfois, agirent isolément. Après le départ de Ferdinand VII pour Bayonne, le premier bataillon résolut de défendre la cause du souverain détrôné, et il alla se mettre à la disposition des chefs de l'insurrection.

Après la bataille de Baylen, ce bataillon alla se réorganiser à Madrid, puis il suivit en Navarre l'armée d'Andalousie. Il se distingua à la bataille de Tudela où les Espagnols furent battus par le maréchal Lannes. Le 13 février 1809, à la bataille d'Uclès, le bataillon fut décimé et fait prisonnier. Le second l'avait été à la prise de Barcelone par le général Duhesme. Une partie de ce dernier parvint à s'évader et forma à Tarragone, quartier général de l'armée, le noyau d'un nouveau bataillon qui fut, à son tour, presque entièrement capturé à Margalef, le 23 avril 1810. Le peu qui en échappa se rendit à Minorque pour se reformer.

Le troisième bataillon qui, à la fin de 1807, avait été envoyé à l'armée chargée d'envahir le Portugal, revint sur la frontière d'Andalousie, à l'époque des événements d'Aranjuez, pour protéger Charles IV. Il prit ensuite part aux combats qui précédèrent la capitulation de Baylen et s'y comporta brillamment. Il se rendit après à Madrid que venait d'abandonner le nouveau roi Joseph. Les compagnies du demi-bataillon de droite, y compris celle de grenadiers, restèrent dans la capitale. Les grenadiers furent destinés à servir de garde à la *Junte Centrale* qui se forma à Aranjuez, et elle l'accompagna à Séville au retour des Français (décembre 1808). Les 1re, 2e et 3e compagnies demeurèrent prisonnières avec le reste de la garnison de Madrid.

Le demi-bataillon de gauche partit avec les troupes qui combattirent à Medellin (28 mars 1809). Dans cette bataille, les Wallons s'emparèrent un instant de l'artillerie française, mais l'aile gauche de l'armée espagnole ayant été mise en déroute, ils furent enveloppés et, sur le refus de se rendre, massacrés. Quarante-deux seulement parvinrent à s'échapper.

Un autre détachement de Garde Wallone assista à cette affaire et subit le même sort. Il était commandé par le capitaine Jean de la Barre qui, au lendemain de la bataille d'Uclès, avait rassemblé à Badajoz les débris du premier bataillon, sous le nom de quatrième bataillon des Gardes Wallones. Avant d'être anéanti à Medellin, ce détachement avait combattu à Gamonal, près de Burgos, avec l'armée d'Estramadure (10 novembre 1808).

Après le désastre de Medellin, on réunit à Séville les survivants des 1er, 3e et 4e bataillons, et on les envoya à San-Lucar de Barrameda pour y former un nouveau 1er bataillon ; on y incorpora les grenadiers qui avaient servi de garde à la *Junte*. Il quitta Séville avec l'armée espagnole, à l'arrivée des Français et se rendit à Cadix. Des détachements participèrent aux batailles de Chiclana et d'Albuera (5 mars, 16 mai 1809), puis rallièrent Cadix. La compagnies de grenadiers, ainsi que les 3e, 4e, 5e et 6e compagnies de fusiliers, firent partie de l'expédition du général Blake qui sortit de la rade de Cadix, le 22 juillet 1811, pour se rendre à Almérie. Ces compagnies donnèrent le 9 août suivant dans l'affaire de Zujar où périt le sous-lieutenant Cléry de Kleefeld dont le père, valet de chambre de Louis XVI, s'illustra par son dévouement pendant la captivité du Roi.

M. Cléry qui avait reçu deux blessures graves, fut fait prisonnier et fusillé le lendemain. Ce détachement prit part à plusieurs autres combats (Puzo, Mislata, 15 octobre, 24 décembre 1811), et finalement fut capturé par les Français, le 9 février 1812.

Les 1er et 2e bataillons se reformèrent une troisième fois, le premier à Cadix, le second à Alicante ; ils assistèrent à bien des batailles, entre autres à celle de Castella (août 1812). Le premier bataillon, envoyé dans l'île de Léon, près Cadix, y resta jusqu'au retour de Ferdinand VII ; le second, attaché au corps de réserve d'Andalousie, fut encore engagé plusieurs fois, notamment à la bataille de Sarauren. La paix le trouva à Badajoz.

IV

Restauration de Ferdinand VII (1813).

Massacre de la Garde Wallone (1822).

Quand, à la fin de 1813, Ferdinand VII revint prendre possession de ses États, les derniers débris de la Garde Wallone épargnés par la guerre accoururent à Madrid pour entourer le Roi.

En 1815, le commandement du régiment fut donné à Claude-Anne de Rouvroy-Saint-Simon, marquis de Montbléru ; la même année, on y incorpora cinq vieux régiments espagnols pour créer les 3es, 4es et 5es bataillons. A dater de ce jour, cette garde célèbre commença à perdre sa physionomie si caractéristique de légion étrangère et le français cessa d'être employé dans les commandements. De même que les régiments suisses en France, les Wallons, pour des raisons analogues, n'étaient pas populaires en Espagne. Ces étrangers, cependant n'avaient point marchandé leur sang pour l'indépendance de la nation que quelques-uns d'entre eux servaient, de père en fils, depuis plus de cent ans. Fusillés comme compatriotes par les Français, quand ils tombaient entre leurs mains, c'étaient comme Français que le peuple de Madrid, oublieux de l'auréole de gloire qui aurait dû les sauvegarder, demandait leur renvoi et obtenait du Roi qu'à l'avenir on n'admettrait plus dans le corps que des Espagnols.

Bien plus, sans égards pour tous les souvenirs héroïques que ce nom rappelait, un décret du 1er juin 1818 supprima jusqu'à la dénomination de Garde Wallone et le régiment prit le numéro 2 de l'infanterie de la garde, mais les Madrilènes lui conservèrent toujours son ancien nom jusqu'en 1822, époque où il mourut noyé dans son propre sang, victime de son inaltérable attachement à la cause royale.

L'agonie de cette garde écrasée sous les décombres de la monarchie absolue qu'elle étaya jusqu'à la fin, fut un drame grandiose comparable à ceux d'Eschyle et de Shakespeare, plus horrible, peut-être, s'il est possible, que le massacre des Suisses défendant les Tuileries. Voici comment le général Guillaume raconte cet affreux épisode : « On était au dernier jour de la session des Cortès ; le roi Ferdinand VII avait été prononcer le discours de clôture : il fut, à son retour, accueilli par des cris de : Vive le roi constitutionnel, auxquels répondirent quelques clameurs de : Vive le roi absolu ! Ces derniers mots, dit-on, étant sortis des rangs de l'escorte, il n'en fallut pas davantage pour que les anarchistes accablassent d'injures la garde royale qui la composait ; ils allèrent même jusqu'à lancer des pierres aux grenadiers ; quelques-uns de ceux-ci, dont la patience était à bout, sortirent des rangs, chargèrent leurs agresseurs à coups de baïonnettes ; d'autres firent feu et plusieurs personnes furent blessées. Un des officiers de la garde, nommé Landabaru,.. frappa de son sabre un grenadier qui avait proféré une parole inconstitutionnelle. Le même soir, on le trouva assassiné sur les marches du palais... on fit de sa mort une affaire politique ; les régiments de la ligne et de la milice, tout dévoués aux Cortès, vinrent s'établir autour du palais où se trouvaient deux bataillons de la garde ; l'artillerie mit ses pièces en position.

« Le lendemain, une ordonnance royale enjoignit de poursuivre les assassins de Landabaru avec toute la rigueur de la loi. La journée se passa d'une manière assez calme, mais au milieu de la nuit, quatre bataillons de la garde sortirent de leur caserne ayant quelques officiers à leur tête ; à 11 heures, ils se trouvaient rangés en bataille dans un endroit appelé *le champ des gardes* ; bientôt après, ils se mirent en route pour le Pardo, résidence royale, à 2 lieues environ au nord de Madrid. »

De là, ils envoyèrent au Roi l'adresse suivante redigée par un officier français :

« Sire, les chefs, officiers, sous-officiers et autres personnes composant le 1er et le 3e bataillon du 1er régiment d'infanterie de la garde royale et le 2e et le 3e bataillon du 2e régiment de la même garde, exposent très humblement à Votre Majesté que les outrages multipliés qu'ils ont soufferts avec la plus grande patience de la part des autorités, ont exaspéré à un tel point l'esprit des soldats, qu'ils sont convaincus que l'on veut les désarmer ; il n'a pas été possible de contenir leur courage offensé.

« Dans cette disposition, les soussignés n'ont pas cru devoir abandonner les soldats, afin de conserver réunis les bataillons, bien convaincus qu'ils resteront toujours soumis à Votre Majesté et à ses lois. Les soussignés n'abandonneront pas non plus leur poste actuel jusqu'à ce que Votre Majesté daigne ordonner que la garde royale reçoive enfin des garanties certaines, mais ils ne cèderont jamais à la force, car ils préfèrent la mort à l'opprobre.

« Au camp du Pardo, le 2 juillet 1822.

« Le très humble serviteur de Votre Majesté, au nom de tous,

« Le comte DE MOY ».

Pendant ce temps, les deux autres bataillons de service près du souverain continuaient à être cernés par les troupes de ligne et la milice ; ce siège du palais de Madrid dura six jours au bout desquels, le 7 juillet, les gardes du Pardo, ayant cru apprendre que le Roi était devenu prisonnier des Cortès, résolurent de rejoindre les bataillons de Madrid afin de le délivrer. Entrés dans la capitale, à 3 heures du matin, par la Puerta del Conde-Duque, ils se divisèrent en trois colonnes La première, commandée par Louis de Moy, tourna à droite et se dirigea vers le parc d'artillerie. La seconde marcha sur la Puerta del Sol, au centre de la ville, en dispersant les miliciens qui tentèrent de lui barrer le passage. Les dispositions prises par ces deux premières colonnes firent que le palais royal se trouva bientôt placé entre deux attaques.

Le 3e détachement alla s'emparer de la Plaza Mayor, « malgré le feu de deux pièces chargées à mitraille et celui qui partait des croisées de toutes les maisons où les miliciens avaient été postés et retranchés dès le jour précédent. Les gardes se maintinrent dans cette position en attendant l'arrivée des deux autres colonnes. Pendant ce temps, la première colonne avait échoué dans son attaque sur le parc d'artillerie de la porte Saint-Vincent. Les soldats, qui d'ailleurs, manquaient de chefs, se débandèrent, s'enfuirent dans les rues environnantes où on les prit presque sans défense. La deuxième colonne, arrivée à la porte del Sol, y trouva de nombreuses troupes Après une décharge meurtrière, la garde fut mise en désordre ; elle parvint cependant à se rallier et arriva, par de longs détours, sur la place du Palais. La troisième colonne qui se soutenait encore sur la place Mayor, apprenant la défaite des deux autres, se retira également vers le palais, de sorte que tout ce qui restait de la garde s'y trouva réuni dans un état de découragement presque complet. Quant aux deux bataillons qui étaient restés au château, ils attendaient sous les armes qu'on les conduisit au secours de leurs camarades. On ne leur donna pas d'ordre et ils ne prirent point part au combat.

« Aussitôt que les gardes furent rassemblés sur la place, ils se rangèrent autour du palais du Roi. Les miliciens et les troupes du régiment de Don Carlos, unis à la populace armée par les clubs, se portèrent vers le château par toutes les avenues et de nombreux canons établis aux débouchés des rues adjacentes, furent braqués contre les portes et les fenêtres. Dix mille personnes, tant miliciens que bandits, étaient près à se ruer sur les malheureux gardes ! A ce moment d'une solennité lugubre, l'on vit tout à coup flotter un drapeau blanc sur les tours du palais. Les hostilités cessèrent » (1).

Le Roi, se décidant à intervenir, fit demander une capitulation honorable pour la garde. La *Junte* qui s'était emparée du pouvoir, sous prétexte que le souverain n'était plus libre, exigea que les deux bataillons qui n'avaient pas combattu sortissent en armes du palais pour se

(1) *Guillaume.*

rendre, le premier à Leganes, le second à Vicalbaro. Les autres devaient être désarmés et faits prisonniers.

Ces derniers refusèrent de pareilles conditions et essayèrent de percer une trouée pour gagner la porte de Ségovie, mais ils furent mitraillés et poursuivis par la cavalerie qui les sabra. Seize officiers, pris les armes à la main, passèrent en conseil de guerre ; on en fusilla un, le lieutenant Goëffieux ; quant aux bataillons qui n'avaient pas participé à l'insurrection, ils furent licenciés.

Ainsi périt cette glorieuse légion de langue française qui, sur la terre d'Espagne, incarna, pendant cent vingt ans, l'honneur militaire. Créée par le plus absolu des rois pour entourer ses descendants et leur rappeler leur origine, elle ne sut pas mentir à son principe ; désespérant de le faire triompher, se sentant elle-même condamnée à mort, elle préféra se suicider fièrement sur le tombeau de l'ancienne monarchie dont elle avait la garde.

OFFICIERS FRANÇAIS DE LA GARDE WALLONE

AU SERVICE DES ROIS D'ESPAGNE

DE LA MAISON DE BOURBON

1702-1822

INDEX DES ABRÉVIATIONS

A. G. — Armorial Général d'Hozier manuscrit. — B. N. — Bibliothèque Nationale. — C. — Courcelles. — C. H. — Carrés d'Hozier. — Cab. d'H. — Cabinet d'Hozier. — D. B. — Dossiers Bleus. — Fr. — Fonds français. — G. — Guillaume. — G. W. — Garde Wallone. — H. I. — Armorial d'Hozier imprimé. — I. N. — Indicateur nobiliaire du Président d'Hozier. — L. B. — La Roque et de Barthélemy. — L. C. — La Chenaye-Desbois. — N. H. — Nouveau d'Hozier. — P. O. — Pièces Originales. — R. F. — République Française. — * — Nationalité incertaine.

Aiguières (d'). — Provence. (R. et C.).

De gueules à 6 besans d'argent, 2 — 1, 2 — 1. (R.).

Gilles, baron d'A., sous-lieutenant à la création du régiment; lieutenant, 16 juillet 1706 ; campagne de 1704 contre le Portugal : bataille d'Almanza ; mort en Catalogne en 1707. (G.).

Aix (d'). — Artois et Picardie. (A. G. et L.).

D'argent à 3 merlettes de gueules ou de sable. (R.).

1. — Joseph, chevalier d'A., enseigne, 8 août 1737 ; enseigne de grenadiers, 8 juin 1738 ; sous-lieutenant, 8 juin 1743 ; sous-aide-major, 9 novembre 1744 ; aide-major, 3 août 1746 ; lieutenant, 3 janvier 1756 ; campagnes d'Italie ; batailles de Campo-Santo, de Plaisance et du Tidone ; noyé, par accident, dans le Tage, en 1771. (G.).

2. — Charles, baron d'A., enseigne, 24 novembre 1744 ; sous-lieutenant, 1er septembre 1746 ; sous-lieutenant de grenadiers, 6 mai 1750 ; lieutenant, 6 septembre 1755 ; campagnes d'Italie ; batailles de Campo-Santo, Velletri, Plaisance, du Tidone ; agrégé à l'état major de Barcelone en qualité de lieutenant-colonel. (G.).

Alençon (d'). — Lorraine. (G. et A. G.).

D'azur à la fasce d'or, accompagnée en chef d'un lévrier d'argent, colleté de gueules. (A. G. Lorraine).

1. — François-Scipion, comte d'A., (fils de Mathias, comte d'A., capitaine aux Gardes Lorraines, né le 2 mars 1754 ; enseigne, 24 novembre 1771 ; sous-lieutenant, le 6 juin 1776 ; sous-lieutenant de grenadiers, 19 juin 1782 ; lieutenant, 19 juillet 1782 ; retraité à Barcelone en 1783 ; expédition d'Alger en 1775 ; siège de Gibraltar. (G.).

2. — Claude-Annibal d'A., comte de Vendeleville, son frère, né le 23 avril 1755 ; enseigne, 24 novembre 1771 ; démissionnaire en 1775. (G.).

ANGEVILLE (D'). — Lille en Flandre. (A. G. et R.).

De sinople à 3 fasces d'or (R.).

Guillaume-Charles, chevalier d'A., enseigne, 26 juillet 1776; enseigne de grenadiers, 24 janvier 1781 ; sous-lieutenant, 19 janvier 1782 ; sous-lieutenant de grenadiers, 15 juin 1786; lieutenant, 7 février 1788; lieutenant de grenadiers, 11 septembre 1794; capitaine, 3 août 1795; siège de Gibraltar ; campagne contre la République française. (G.).

ARMENDARIZ (D'). — Béarn. (A. G.).

Losangé d'or et de gueules, à une fasce d'argent. (A. G.).

1. — Gabriel, baron d'A., enseigne, 1er juin 1711 ; sous-lieutenant, 5 septembre 1714 ; tué en Sardaigne en 1717; siège de Barcelone en 1714. (G.).

2. — François, chevalier d'A., enseigne, 1er avril 1715 ; enseigne de grenadiers, 1er octobre 1716. (G.).

3. — Jean-Armand, baron d'A., enseigne, 22 juin 1780 ; enseigne de grenadiers, 21 novembre 1783 ; sous-lieutenant, 3 septembre 1784; sous-lieutenant de grenadiers, 29 septembre 1788 ; lieutenant, 30 mars, 1790; prisonnier des Français en 1794 ; colonel de hussards, mai 1796. (G.).

4. — Ferdinand-Louis, chevalier d'A., enseigne, 21 juillet 1780 ; sous-lieutenant, 17 septembre 1784 ; sous-lieutenant de grenadiers, 8 octobre 1789; lieutenant, 17 mars 1791 ; campagne contre la République française ; lieutenant-colonel aux volontaires d'Espagne-Cavalerie en 1796. (G.).

Assigny (d'). — Artois. (G.).

Dans ce cas, l'orthographe serait *d'Assignies*.

D'Assignies, seigneurs d'Alloine (Allowagne) : *Fascé de gueules et de vair de 8 pièces*. Artois. (Chérin, vol. 9. B. N.).

D'autre part, d'après L. C., une famille d'*Assigny* habitait l'Auxerrois et portait, selon R., *d'hermine au chef de gueules chargé d'une fasce vivrée d'or*.

Jean d'Assigny, capitaine, 20 décembre 1719. (G.).

Aumale (d'). — Flandre française. (R.) Picardie. (L. C.).

D'argent à une bande de gueules, chargée de 3 besans d'or. (L. C.). Michel, chevalier d'A., enseigne, 14 octobre 1770; enseigne de grenadiers, 6 mai 1773; tué à l'expédition d'Alger, 8 juillet 1775. (G.).

Aunoy (d'). — Flandre française, Artois, Picardie. (R.).

Familles différentes.

Charles d'A., enseigne, 1797 ; sous-lieutenant, 30 août 1802. (G.).

Azemar. — Languedoc. (L. C.).

D'azur à une bande d'argent, chargée de 3 croissants de sable et surmontée d'un lion d'or grimpant, armé et lampassé de gueules.

Jacques A., fourrier-major, 18 mai 1771. (G.).

Balay de Marigna (de). — Franche-Comté. (G.-L. C.).

De sable au lion rampant d'or, langué et onglé de gueules.

François-Xavier de B., chevalier de M., fils de

Jean de B., seigneur de M. et de Boissières au diocèse de Dôle en Franche-Comté, lieutenant-colonel du terce de cavalerie de Bourgogne, et de Claude-Françoise de Grachault, enseigne, 15 novembre 1722; siège de Gibraltar; enseigne de grenadiers, 11 décembre 1728; sous-lieutenant, 15 octobre 1729; conquête d'Oran; sous-lieutenant de grenadiers, 20 novembre 1734; lieutenant, 19 juillet 1735; campagnes d'Italie, affaires de Campo-Santo, Velletri, Plaisance, le Tidone; lieutenant de grenadiers, 28 mars 1744; capitaine, 3 avril 1746; expédition de Portugal; capitaine de grenadiers, 20 octobre 1762, avec rang de brigadier; mort à Barcelone, 10 mars 1764. (G.).

BALAY DE MARIMONT (DE). — Lorraine-Metz. (G.).

Félix, enseigne, 4 octobre 1755; sous-lieutenant, 28 mai 1762; expédition de Portugal; sous-lieutenant de grenadiers, 8 septembre 1767; lieutenant, 25 novembre 1769; mort à Madrid en octobre 1770. (G.).

BARBEROT D'AUTEL. — Franche-Comté. (R. et Preuves pour l'Ecole militaire. — B. N.)

D'azur à l'aigle éployée d'or empiétant un serpent enroulé de même. (A. G.).

Joseph, enseigne, 29 août 1783; mort à Barcelone le 25 septembre 1785. (G.).

BARRAS (DE). — Provence. (L. C.).

Fascé d'or et d'azur. (R.).

Jacques, enseigne, 11 avril 1710; enseigne de

grenadiers, 18 février 1711 ; quitta les Gardes Wallones en 1716 pour prendre une compagnie d'infanterie. (G.).

Bassecourt (de). — Artois. (Chérin, vol. 16. — B. N.).

D'azur à la bande d'argent chargée de 3 sautoirs (ou flanchis) écotés et alaisés de gueules (croix de Bourgogne).

1. — André, marquis de B., fils d'André de B., écuyer, seigneur de Crocq, natif de Bapaume, et de Marie de Thieulaine — enseigne, 2 juillet 1710 ; enseigne de grenadiers, 1er septembre 1713 ; sous-lieutenant, 16 janvier 1717 ; sous-aide-major, 11 mai 1720 ; aide-major, 1er janvier 1728 ; capitaine, 13 mai 1734 ; colonel du régiment d'infanterie *Flandre*, mort à la tête de ce corps ; dernières campagnes de la guerre de la Succession d'Espagne, expéditions de Sardaigne, Sicile, Afrique ; bataille de Bitonto en Italie. (G.).

2. — Procope, frère du précédent, enseigne, 15 décembre 1717 ; sous-lieutenant, 16 mars 1720 ; sous-lieutenant de grenadiers, 15 septembre 1728 ; lieutenant, 11 décembre suivant ; expédition de Sicile, bataille de Villa-Franca, expédition d'Afrique ; perdit une jambe au siège de Gibraltar en 1726 ; capitaine en 1731 et gouverneur du Montjouy, puis de Lérida où il mourut en 1766. (G.).

3. — Nicolas de B. de la Haute-Porte, frère cadet des précédents, enseigne, 23 septembre 1720 ; enseigne de grenadiers, 1er janvier 1728 ; sous-lieutenant, 5 août 1728 ; lieutenant, 23 novembre 1733 ; lieutenant de grenadiers, 14 juin

1744 ; capitaine, 9 février 1745 ; capitaine de grenadiers, 5 janvier 1749, avec rang de brigadier ; gentilhomme de la chambre de S. M. en 1762, avec service près de l'Infant don Louis; siège de Gibraltar, conquête d'Oran (1732), campagne d'Italie, batailles de Bitonto, Campo-Santo, Plaisance, le Tidone etc. (G.).

4. — Jean-Joseph, fils de Marie-Procope-François — enseigne, 13 août 1746 ; enseigne de grenadiers, 1er janvier 1750 ; sous-lieutenant, 28 avril 1750 ; sous-lieutenant de grenadiers, 1er mars 1760; lieutenant, 23 janvier 1762 ; aide-major, 14 mai 1767 ; lieutenant de grenadiers en 1772 ; capitaine avec rang de brigadier en 1776 ; retraité en 1788 ; partie de l'expédition de Portugal en 1762 ; descente d'Alger en 1775 ; siège de Gibraltar. (G.).

5. — Jean de B., comte de Sainte-Claire, enseigne, 30 avril 1752 ; sous-lieutenant, 16 mars 1784 ; sous-lieutenant de grenadiers, 7 décembre 1772 ; capitaine, 9 juillet 1774 ; capitaine de grenadiers, 2 novembre 1786 (*alias* 1788) avec rang de maréchal de camp ; campagne de Portugal en 1762 ; descente d'Alger en 1775 ; siège de Gibraltar. (G.).

6. — André de B., comte de Sainte-Claire, enseigne, 15 juin 1760 ; sous-lieutenant, 20 juillet 1765 ; sous-lieutenant de grenadiers, 8 décembre 1770; lieutenant, 19 mars 1772 ; blessé à la descente d'Alger le 8 juillet 1775 ; lieutenant de grenadiers, 19 juillet 1782 ; siège de Gibraltar ; retraité avec grade de colonel en 1784. (G.).

7. — Marie, marquis de B., enseigne vers 1775 ;

sous-lieutenant, 12 octobre 1780; lieutenant, 12 juillet 1787. (G.).

8. — Jean-Joseph, chevalier de B., enseigne, 11 mai 1780; sous-lieutenant, 3 septembre 1784; lieutenant, 27 mars 1790; capitaine, 21 avril 1800; campagnes contre la République française, de 1793 à 1795. (G.).

9. — Jean-François, marquis de B., enseigne, 25 mai 1782; enseigne de grenadiers, 6 août 1785; sous-lieutenant, 7 décembre 1786; sous-lieutenant de grenadiers, 11 mars 1793; lieutenant, 6 mars 1794; retiré du service, 15 janvier 1795; première campagne contre la République française. (G.).

10. — Julien-Procope, chevalier de B., né le 20 août 1766, enseigne, 29 décembre 1785; sous-lieutenant en 1787; lieutenant, 30 novembre 1794; campagnes contre la République française (1793-1795); nommé, en 1795, lieutenant-colonel aux volontaires de Barcelone. (G.).

11. — Louis-Alexandre de B., chevalier de Predesin, né le 1er juin 1769, frère de Julien-Procope, enseigne en juin 1783; enseigne de grenadiers, 27 mars 1788; sous-lieutenant, 12 juin 1788; sous-aide-major, 27 novembre 1788; lieutenant, 11 septembre 1794; aide-major, 30 octobre 1794; campagnes contre la République française de 1793 à 1795; en 1809 ou 1810, major du régiment avec rang de lieutenant-général qu'il conserva jusqu'à la dissolution du corps; avait commandé l'armée de la province de Cuença en 1810 et 1811, puis était devenu capitaine-général de la Galice, de Valence et d'Aragon, grand croix de Saint-Fer-

dinand, de Sainte-Hermenegilde et d'Isabelle-la-Catholique. (G.).

12. — Charles de B. du Crocq, enseigne, 25 août 1785; démissionnaire en 1790. (G).

13. — Nicolas, enseigne, 27 novembre 1777; sous-lieutenant, 6 juin 1782; obtint, en 1788, la retraite de lieutenant-colonel et se retira en Flandre. (G.).

14. — André, enseigne, 3 août 1795; sous-lieutenant, 7 août 1800. (G.).

Beauffort (de). — Artois.

D'azur à 3 jumelles d'or. Devise : *In bello fortis.* L.C.).

Alphonse-Charles-Marie-Constant, fils d'Emmanuel-Constant-Joseph, baron de B., chevalier de Saint-Louis, et de Victoire-Louise-Marie-Caroline de Beauffort, né le 18 septembre 1783, chevalier de Malte, servit en Espagne dans les G. W. et mourut à Madrid en 1803. — Non cité par G. (Poplimont). — Philippe-Charles-Henri-Louis, comte de B., né à Arras le 15 juillet 1766, prit du service en Espagne en 1785, devint colonel de cavalerie dans la garde royale et mourut à Lille en décembre 1823. *Ibid.*

Beaulaincourt de Marles (de). — Artois. (R.).

D'azur à 2 léopards d'or, assis et adossés, les queues entrelacées.

1. — Auguste, comte de M. enseigne, 11 septembre 1794; sous-lieutenant, 23 octobre 1798. (G.).

François, enseigne, 11 septembre 1794 ; sous-lieutenant, 12 juin 1798 ; sous-aide-major, 4 septembre 1799. (G.).

BEDORAS (DE). — Guyenne. (A. G.).

B. de Bedora, conseiller et procureur du Roi au sénéchal de Tartas : *D'azur à une autruche d'or et un chef d'argent chargé de 3 étoiles de gueules.* (A. G.).

François-Bernard de Bedoras, enseigne, 18 juillet 1707 ; sous-lieutenant, 19 décembre 1708 ; fit quelques campagnes de la guerre de la Succession d'Espagne et fut tué à la bataille de Saragosse en 1790. (G.).

BELSUNCE (DE). — Navarre française. (L. C.).

Ecartelé aux 1 et 4, d'or à 2 vaches de gueules, l'une sur l'autre, clarinées d'azur, qui est BÉARN : *aux 2 et 3, d'argent, à une hydre à 7 têtes de sinople, dont une coupée, dégouttante de gueules, tient encore au col, qui est* BELSUNCE.

Louis, chevalier de B., fils de Charles de B., vicomte de Meharin et d'Angélique de Casaux, enseigne, 8 avril 1714 ; démissionnaire en 1717, puis colonel du régiment de Navarre ; après avoir servi en cette qualité en Sardaigne et en Sicile, il revint en France où il obtint une pension et la commission de lieutenant-colonel réformé à la suite de l'état-major de la ville de Bayonne. (G.).

*BÉRENGER (DE). — Flandres française et autrichienne.

Antoine Béranger, écuyer, s[r] de la Treille, capitaine de vaisseau du Roi, commandant au port de Dunkerque : *D'azur à 3 pommes de pin de sinople.* (A. G.).

1.— Juste de Bérenger, enseigne, 27 juin 1783 ; sous-lieutenant, 3 octobre 1788 ; lieutenant, 11 septembre 1794. Campagnes contre la R. F. (G.).

2. — Philippe, enseigne, 6 août 1784 ; sous-lieutenant, 3 octobre 1788 ; capitaine au régiment de Navarre, 25 août 1794. (G.).

BERGERET (DE). — Paris et Alsace. (R.).

FAMILLES DIFFÉRENTES.

1. — Alexandre, enseigne, 1er juillet 1706 ; sous-lieutenant, 11 janvier 1708 ; sous-aide-major, 1er juillet 1710 ; lieutenant, 13 juin 1711 ; quitta en 1719 ; guerre de la Succession d'Espagne et expédition de Sicile. (G.).

2. — Antoine, enseigne, 12 janvier 1711 ; enseigne de grenadiers, 8 février 1714 ; sous-lieutenant, 2 décembre 1717 ; sous-lieutenant de grenadiers, 1er août 1719 ; quitta en 1720 ; siège de Barcelone, expédition de Sardaigne. (G.).

BERGHES (DE). — Artois. (G.).

D'or au lion de gueules armé et lampassé d'azur. (R.).

François-Désiré-Marc-Ghislain, marquis, puis prince de Berghes-Saint-Winox, à la mort de son frère aîné, fils d'Eustache-Joseph de B.-Saint-W., vicomte d'Aleux et de Marie-Françoise de Carnin, né le 23 avril 1747, enseigne, 12 février 1762 ; quitta en 1763, passa au service de l'Empereur et devint colonel du régiment d'Anhalt-Infanterie ; était membre de l'Etat noble de l'Artois. (G.).

BERMONT (DE). — Bourgogne. (R.).

Burelé d'argent et d'azur.

Pierre, sous-lieutenant, 1er octobre 1705 ; sous-lieutenant de grenadiers, 1er juillet 1706 ; tué à la prise de Cuença en 1706. (G.).

* Béthune de Saint-Martin (de). — Artois.

D'argent à la fasce de gueules, le canton dextre chargé d'un écusson de gueules à bande d'or accompagnée de 6 billettes de même posées en orle.

Jean de Béthune des Plancques, seigneur d'Hesdigneul (1602 + 1660) épousa en 1643 Marie, fille et héritière de Jean-François de Cottrel, baron de Saint-Martin. (Poplimont).

Albert de Saint-Martin, chevalier de Béthune (*sic*), enseigne, 15 septembre 1728 ; sous-lieutenant, 13 mai 1734 ; sous-lieutenant de grenadiers, 28 mai 1740 ; lieutenant, 16 octobre 1741 ; lieutenant de grenadiers, 24 décembre 1747 ; capitaine, 2 juin 1751 ; capitaine de grenadiers, 7 juillet 1767, avec rang de brigadier, mort à Madrid en janvier 1771 ; conquête d'Oran, campagnes d'Italie. (G.).

Bette. — Flandre Française. (L. C.).

D'azur à 3 tourteaux d'or.

1. — Ferdinand-François B., marquis de Lède, fils de Jean-François-Nicolas B., marquis de L., chevalier de la Toison d'Or, grand d'Espagne de 1re classe, président du conseil suprême de guerre, directeur général de l'infanterie, vice-roi de Sicile, mort à Madrid le 11 juin 1725, et d'Anne de Croÿ, capitaine, 23 août 1737, puis colonel du régiment d'Afrique ; passa ensuite au service de France où il fut nommé mestre de camp le 25 août 1749. (G.).

2. — François, baron de B., enseigne, 12 février 1762 ; sous-lieutenant, 20 décembre 1766 ; sous-lieutement de grenadiers, 30 avril 1772 ; lieutenant, 18 mars 1775 ; descente d'Alger en 1775 ; lieutenant de grenadiers, 25 novembre 1784 ; capitaine, 22 décembre 1787 ; campagne de 1793 contre la République française : prisonnier en 1794. (G.).

3. — Marian, enseigne vers 1797 ; sous-lieutenant, 28 juin 1802. (G.).

BIGODET (DE). — Ile-de-France. (G.).

D'azur au chevron d'argent, accompagné de 3 flammes d'or.

Jean, enseigne, 7 août 1733 ; quitta en 1734. (G.).

BLAISEL (DU). — Picardie. (G.).

D'or à 3 bandes d'azur.

1. — Emmanuel, vicomte du B., enseigne, 8 septembre 1764 ; enseigne de grenadiers, 8 septembre 1767 ; sous-lieutenant, 25 juin 1768 ; lieutenant, 4 juin 1776 : lieutenant de grenadiers, 24 janvier 1788 ; capitaine, 17 juillet 1788 ; retiré du service en 1795. (G.).

2. — Antoine, vicomte du B., enseigne, 19 janvier 1782 ; sous-lieutenant, 23 mars 1786 ; sous-lieutenant de grenadiers, 5 avril 1790 ; capitaine au régiment de Cordova en 1797. (G.).

3. — Honoré, chevalier du B., enseigne, 12 juillet 1787 ; sous-lieutenant, 24 juillet 1792 ; lieutenant, 15 février 1795 ; campagnes contre la Ré-

publique française : capitaine pendant la guerre de l'Indépendance, puis commandant de bataillon. (G.).

4. — Emmanuel, chevalier du B., enseigne, 1er août 1788 ; sous-lieutenant en 1793 ; tué le 19 mai 1794 à l'affaire de La Muga. (G.).

5. — Augustin, enseigne, 13 septembre 1791 ; enseigne de grenadiers, 6 mars 1774 : sous-lieutenant, 11 septembre 1794 : mort en octobre 1794. (G.).

6. — Dominique, enseigne, 17 juillet 1793 ; sous-lieutenant, 30 octobre 1794 ; lieutenant, 31 mai 1802 ; campagnes contre la République française. (G.).

« Cette famille avait été maintenue dans la noblesse de Picardie par arrêt du 21 décembre 1697. » (G.).

BLONDEL DE FLECHAIN, DE DROUHOT ET DU BARLET. — Cambrésis. (G.).

1. — Pierre ou Louis B. de F., enseigne, 17 octobre 1731 : conquête d'Oran ; enseigne de grenadiers, 29 avril 1734 ; sous-lieutenant, 19 juillet 1735 ; sous-lieutenant de grenadiers, 19 décembre 1741 ; sous-aide-major, 3 novembre 1741 ; lieutenant, 8 juin 1743 ; mort à Viterbe. (G.).

2. — Alonze B. de F., enseigne, 3 septembre 1720 ; siège de Gibraltar ; enseigne de grenadiers, 11 janvier 1728 ; sous-lieutenant le 5 août suivant ; conquête d'Oran ; lieutenant, 13 novembre 1733 ; aide-major, 9 novembre 1741 ; tué à l'attaque de Velletri, en 1744. (G.).

3. — Marie-François-Louis B., chevalier de Drouhot, né à Flechain, près Cambray, le 24 août 1728, fils d'Antoine-Hyacinthe B., baron de Drouhot, colonel propriétaire d'un régiment de cavalerie de son nom au service de Louis XIV, puis de Philippe V, mort au château de Flechain le 5 août 1748, et de Geneviève-Angélique de Caulaincourt; enseigne, 10 janvier 1744; sous-lieutenant, 11 août 1746; batailles de Plaisance et du Tidone; sous-aide-major, 11 avril 1749; lieutenant, 23 août 1755; aide-major, 3 avril 1756: capitaine, 25 juin 1768; obtint le gouvernement de la Corona le 14 février 1784, étant maréchal de camp, et ensuite celui de Lérida; avait épousé à Barcelone, en 1752, Marie-Françoise, fille aînée de Philippe Wytz de la Boucharderie, maréchal de camp et major aux Gardes Wallones. (G.).

4. — Louis-Hyacinthe B. de D., fils aîné du précédent, né à Flechain le 4 août 1756; enseigne vers 1772; sous-lieutenant en 1776; lieutenant, 29 septembre 1780; retraité en 1782. (G.).

5. — Antoine B. de D., frère du précédent, né à Barcelone en 1757; enseigne, 28 août 1766; enseigne de grenadiers, 14 janvier 1768; sous-lieutenant, 10 juillet 1772; sous-lieutenant de grenadiers, 18 septembre 1773; lieutenant, 11 janvier 1781; lieutenant de grenadiers, 4 mars 1787, avec rang de colonel; capitaine, 24 décembre 1792. (G.).

6. — Pierre-Claude B. de D., dit le chevalier du Barlet, né en 1684, fils de Jean-Louis B., seigneur de Bailletet, Clairefontaine, Hainville etc., gouverneur de Cateau-Cambrésis, député de la no-

blesse d'Artois, mort le 19 novembre 1708 (oncle de Marie-François-Louis, cité plus haut) et de Marie-Claire Drouhot (*sic*), dame de Flechain : lieutenant, 1er janvier 1719; aide-major, 19 janvier 1719 ; expédition d'Afrique ; capitaine, 3 novembre 1733 ; campagne d'Italie, bataille de Bitonto : lieutenant-colonel du régiment, 17 décembre 1751, avec rang de lieutenant-général ; mort à Valence en mars 1764. (G.).

BOIS DE HOVES (DU). — Lille en Flandre (A. G.) et Artois (L. C.).

D'azur à 3 coquilles d'or, 2 et 5. (A. G.).

1. — Louis, sous-lieutenant à la création du régiment ; lieutenant, 1er février 1706 ; lieutenant de grenadiers, 1er juillet 1710 ; guerre de la Succession d'Espagne ; siège de Barcelone ; tué près de Montjouy en 1714. (G.).

2. — Alexandre, sous-lieutenant, 7 janvier 1719 ; expédition d'Afrique ; lieutenant, 20 décembre 1719 ; lieutenant de roi d'Alcadie en 1727. (G.).

3. — Claude, chevalier de Hoves d'Hérignies, fils de Valeran-François-Joseph du B. de H., seigneur d'Hérignies et d'Isabelle-Thérèse de Grospré (qui firent enregistrer leurs armes à l'Armorial Général) — sous-lieutenant, 26 septembre 1719 ; expédition d'Afrique ; lieutenant, 20 septembre 1725 ; siège de Gibraltar, conquête d'Oran, campagne d'Italie ; mort à Pise en 1735. (G.).

4. — Jean, enseigne, 9 mars 1747 ; enseigne de grenadiers, 18 juillet 1752 ; sous-lieutenant, 8 octobre 1754 ; sous-lieutenant de grenadiers, 28 mai

1762 ; campagne de Portugal ; lieutenant, 7 décembre 1762 ; lieutenant de grenadiers, 12 mars 1773 ; descente d'Alger ; capitaine de grenadiers, 10 mai 1788 ; retraité, 15 mai 1794, avec le grade de maréchal de camp agrégé. (G.).

* BOISSONS (DE). — Boisson. Provence. L. C.).

Boisson (Marie-François), seigneur de Souria en Franche-Comté (1789). (L. B.).

Nicolas de B., enseigne, 1er juin 1711 ; siège de Barcelone ; sous-lieutenant, 7 août 1714 ; expédition de Sardaigne ; sous-aide-major, 26 avril 1718 ; quitta en 1720 (G.).

BOUFFARD (DE). — Toulouse. (R.).

D'azur à une colombe volante d'or, tenant en son bec un rameau d'olivier de sinople.

Dominique-Jérôme, enseigne, 22 juillet 1763 ; enseigne de grenadiers, 4 mai 1765 ; sous-lieutenant, 22 octobre 1767 ; sous-lieutenant de grenadiers, 11 août 1770 ; lieutenant, 26 février 1776 ; blessé à la descente d'Alger, 8 juillet 1775 : agrégé à l'état-major de la place de Barcelone, décembre 1775. (G.).

BOUSIES (DE). — Cambrésis. (L. C.).

D'azur à la croix d'argent.

Alexandre-Joseph-Eugène, vicomte de B., fils de Féry-François-Alexandre, capitaine de cuirassiers français, et d'Anne-Eléonore de Saumier — enseigne, 22 juillet 1763, passa quelque temps après en qualité d'exempt dans la compagnie flamande des gardes du corps du roi d'Espagne et mourut colonel de cavalerie. (G. et L. C.).

* BOUTIGNY (DE). — Provence. (A. G.).

N. Boutigny de Morainville, enseigne de vaisseau du Roy au port de Toulon : *D'or à un pairle de sable, coupé de sinople à un lévrier d'or.* (A. G. Provence, t. II, p. 480).

Denis de B., enseigne en 1784 ; sous-lieutenant, 11 septembre 1794 ; lieutenant, 17 novembre 1800 ; campagnes contre la République française.

BOUTILLIER (DE). — Lorraine. (R.).

D'azur à la bande d'argent, accompagnée en chef de deux colombes d'or et en pointe d'un croissant d'argent.

1. — Ignace, enseigne, 15 juin 1760 ; enseigne de grenadiers, 21 janvier 1764 ; sous-lieutenant, 21 décembre 1764 ; lieutenant, 21 septembre 1771 ; descente d'Alger en 1775 ; lieutenant de grenadiers, 23 mai 1782 ; capitaine, 3 avril 1785. (G.).

2. — Marie-Théodore-Joseph, *né à Lille* le 25 janvier 1744 ; enseigne, 6 juin 1761 ; sous-lieutenant, 20 décembre 1766 ; sous-lieutenant de grenadiers, 18 avril 1771 ; lieutenant, 4 mars 1775 ; expédition d'Alger en 1775 ; lieutenant de grenadiers, 23 juillet 1784 ; capitaine, 22 septembre 1789 ; maréchal de camp, mort à Barcelone, le 2 avril 1800 ; avait épousé Marie-Josèphe-Procope de Bassecourt. (G.).

BRIEST DE SAINT-ÉLIER D'AMBREVILLE. — (PONTHIEU).

De gueules à la croix d'argent chargée de cinq hermines de sable (Armes anciennes.) — *D'argent au sautoir de sable cantonné de huit perroquets de sinople becqués et membrés de gueules, mis en orle.* (Armes nouvelles par suite d'une alliance avec les Lourdel.) (Belleval et R.).

1. — Pierre-Charles Briest, chevalier de Saint-Élier, enseigne, 7 mai 1778 ; siège de Gibraltar ; enseigne de grenadiers, 6 juin 1782 ; sous-lieutenant, 3 janvier 1783, lieutenant, 8 février 1789 ; gouverneur de Puebla, 30 octobre 1794. (1) (G.).

2. — Pierre-Charles de Saint-Élier d'Ambreville, enseigne, 1er août 1788 ; tué au siège d'Oran, 15 juin 1791. (G.).

BRIQUET (DE). — Artois. (R.).

D'azur à trois bricoteaux d'or. (Instruments à l'usage du jeu de paume.)

Antoine, enseigne, 1er juin 1707; sous-lieutenant, juillet 1710; sous-lieutenant de grenadiers, 11 avril 1714 ; lieutenant, 1er janvier 1715 ; mort à Madrid en 1717. Guerre de la Succession d'Espagne et siège de Barcelone. (G.).

* BRUE. — Guyenne, Bayonne (d'H. Mss.). — Familles différentes.

N. B. de Pitres, enseigne, 12 juin 1711 ; siège

(1) Pierre-Charles-Henri, chevalier, seigneur de Saint-Élier, colonel aux Gardes Wallones, allié en Espagne à une dame d'honneur de la Reine, dont deux filles, était fils de Philippe Briet, écuyer, seigneur de Rainvillers, Saint-Élier, Boismont, Brestel, Woincourt, Embreville, la Canque, le Cimpre, Etallonde, seigneur haut justicier de Halloncourt, et de Marie-Charlotte-Henriette Pappin de Caumesnil; une sœur, Marguerite-Charlotte-Pauline, épousa le baron du Blaisel. (Belleval.)

de Barcelone ; sous-lieutenant, 17 septembre 1715 ; quitta en 1719.

BRUM (LE). — Artois. (L. C.).

De gueules à la fasce d'argent chargée de trois poissons au naturel. (Poplimont).

1. — François, enseigne, 9 février 1745, bataille de Plaisance ; sous-lieutenant, 3 mars 1747 ; lieutenant, 9 février 1760. Lieutenant-colonel agrégé à l'état-major de Saint-Philippe. (G.).

2. — Joseph, enseigne, 21 mars 1752 ; sous-lieutenant, 7 avril 1760 ; sous-lieutenant de grenadiers, 15 juin 1765 ; lieutenant, 14 mai 1767 ; agrégé lieutenant-colonel de la principauté de Catalogne, 1er octobre 1774. (G.).

3. — Joseph, enseigne, 23 mai 1782 ; enseigne de grenadiers, 18 mai 1785 ; sous-lieutenant, 7 décembre 1786 ; sous-lieutenant de grenadiers, 6 mai 1793 ; lieutenant, 6 mars 1794 ; capitaine, 16 décembre 1802. Campagnes contre la R. F. (G.).

BRYAS (DE). — Artois.

D'or à la fasce de sable surmontée de trois cormorans de même, becqués et membrés de gueules (Roger).

Cette Maison a produit des généraux au service d'Espagne, avant la réunion de l'Artois à la Couronne, et, depuis cette réunion, elle a donné nombre d'officiers supérieurs distingués par leur dévouement au service des rois de France (Cf. Courcelles, t. I. p. 128).

1. — Alexis, fils de Charles-Sylvestre de B., baron d'Awondance et Wattencheux, et de Marie-Jeanne Isabelle de Lattre d'Ayette, sa deuxième femme — lieutenant, 1er juillet 1706 ; aide-major, 18 février 1711 ; guerre de la Succession d'Espagne ; capitaine, 1er avril 1715 ; brigadier et commandant de brigade ; tué à la bataille de Bitonto en 1734. (G.).

2. — Philippe, chevalier de B., enseigne, 1er juillet 1706 ; sous-lieutenant, 12 juin 1707 ; sous-lieutenant de grenadiers, 1er juin 1710 ; lieutenant, 18 février 1711 ; capitaine, 3 janvier 1719 ; capitaine de grenadiers, 1er juin 1742 ; maréchal de camp mort en 1744 des suites de ses blessures à Pescara dans le royaume de Naples guerres de la Succession d'Espagne, expéditions de Sardaigne et de Sicile, siège de Gibraltar, conquête d'Oran, 1732). (G.).

3. — Benoît, lieutenant le 10 août 1719 ; capitaine le 22 janvier 1720 ; capitaine de grenadiers le 11 juin 1744 ; brigadier tué à l'affaire de Velletri en 1744 « après des prodiges de bravoure ».

4. — Alexandre, enseigne, 26 janvier 1725 ; siège de Gibraltar ; sous-lieutenant, 9 novembre 1733 ; sous-lieutenant de grenadiers, 18 avril 1736 ; lieutenant, 5 mars 1738 ; mort à Fano en Italie en 1745. (G).

5. — Diègue, enseigne, 3 juin 1728 ; conquête d'Oran ; sous-lieutenant, 3 novembre 1733 ; bataille de Bitonto ; sous-lieutenant de grenadiers, 18 novembre 1736 : lieutenant, 28 mars 1740 ; guerres d'Italie ; lieutenant de grenadiers, 13 août 1746 :

capitaine, 3 mars 1747 ; capitaine de grenadiers, 28 août 1763, avec rang de maréchal de camp : blessé à la descente d'Alger le 8 juillet 1775 ; gouverneur de Tortose, la même année. (G.).

6. — Jean, enseigne, 23 novembre 1733 ; bataille de Bitonto ; enseigne de grenadiers, 8 mars 1736 ; sous-lieutenant, 8 mars 1737 ; campagne d'Italie ; sous-lieutenant de grenadiers, 8 juin 1743 ; lieutenant, 11 janvier 1744 ; lieutenant de grenadiers, 7 septembre 1754 ; capitaine, 20 décembre 1755 ; lieutenant de roi de la citadelle de Barcelone en 1773. (G.).

7. — Joseph, comte de B., enseigne, 5 mars 1738 ; sous-lieutenant, 11 janvier 1744 ; campagne d'Italie ; lieutenant, 3 mars 1747 ; lieutenant de grenadiers, 8 mars 1761 ; capitaine, 20 octobre 1762 ; expédition d'Alger, 1775 ; capitaine de grenadiers, 4 février 1776 ; brigadier, 3 janvier 1783 ; mort à à Reus, le 16 juin 1784. (G.).

8. — François, enseigne, 1er juillet 1738, démissionna peu après. (G.).

9. — Procope, enseigne, 24 octobre 1751, mort à Barcelone la même année. (G.).

10. — Joseph, enseigne, 15 juin 1760, mort à Madrid, le 13 septembre 1760. (G.).

11. — François, comte de B., enseigne, 22 février 1782 ; sous-lieutenant, 1786 ; sous-lieutenant de grenadiers, 22 avril 1791 ; lieutenant, 4 juillet 1793 ; capitaine, 24 avril 1802 ; campagnes contre la R. F. (G.).

12. — Jean-Beloto *(sic)*, enseigne, 24 janvier 1782 ; démissionnaire, 7 avril 1783. (G.).

13. — Louis, chevalier de B., enseigne vers 1782; sous-lieutenant, 16 mai 1788 ; sous-aide-major en 1799.

14. — François de B. de Malenghien, sous-lieutenant le 8 juillet 1712 ; siège de Barcelone ; lieutenant, 7 mai 1718 ; expédition d'Afrique ; lieutenant de grenadiers, 13 novembre 1726 ; conquête d'Oran ; capitaine, 13 novembre 1733 ; guerre d'Italie, batailles de Bitonto, de Campo-Santo, Plaisance, etc. ; capitaine de grenadiers, 24 avril 1746 ; commanda le régiment comme plus ancien capitaine ; brigadier agrégé à l'État-major de la place de Tarragone en 1762. (G.).

15. — François-Englebert-Ignace, comte de B. de Malenghien, fils puîné d'Englebert-Frédéric, comte de B., marquis de Malenghien, baron de Moriamé et d'Hernicourt, membre de la noblesse des Etats d'Artois, etc., et de Marie-Françoise-Aldegonde-Ghislaine, comtesse de Hamas et du Saint-Empire, fut nommé enseigne le 5 octobre 1760 ; campagne de Portugal ; sous-lieutenant, 2 avril 1767 ; lieutenant, 23 avril 1774 ; descente d'Alger, 1775 ; rang de colonel en 1783 ; capitaine, 7 décembre 1762 ; corrégidor de Falarn, 3 juin 1788 ; mort en septembre 1818. (G.).

16. — Albert-Louis-Marie-Alexandre, comte de B. de M., frère du précédent, né le 17 avril 1755 ; enseigne, 27 novembre 1777 ; mort à Madrid, 31 décembre 1780. (G.).

17. — Louis de B. de M., enseigne, 26 juin 1783; sous-lieutenant, 16 mai 1788. (G.).

18. — Jacques de B. de la Salle, enseigne, 11 avril 1714 ; expédition en Sardaigne et Sicile ; sous-lieutenant, 17 janvier 1718 ; lieutenant, 11 septembre 1721 ; colonel agrégé de l'état-major de la place de Barcelone. (G.).

19. — Emmanuel de B. de la Salle, enseigne, 6 juin 1761 ; campagne de Portugal, démissionna peu après. (G.).

*Bus (du). — Ponthieu, maintenus le 2 janvier 1700. — Branche à Tournai.

D'azur au chevron d'or, chargé de 2 trèfles de sable et accompagné de 3 molettes d'or. (R.).

1. — Balthazar, marquis du B., capitaine à la création avec rang de maréchal de camp, devint gouverneur de Lérida, puis lieutenant-général et inspecteur général d'infanterie. (G.).

2. — Joseph-Martin, chevalier du B., enseigne, 15 juin 1714, expédition de Sardaigne ; enseigne de grenadiers, 6 septembre 1717 ; sous-lieutenant, 12 décembre 1717 ; bataille de Villa-Franca ; sous-lieutenant de grenadiers, 1er mars 1720 ; expédition d'Afrique ; lieutenant, 20 mars ; lieutenant de grenadiers, 28 avril 1724 ; bataille de Bitonto ; capitaine, 28 mars 1740 ; guerre d'Italie ; quitta en 1752. (G.).

3. — Jacques-Joseph, marquis du B., enseigne, 15 juin 1736 ; sous-lieutenant, 8 juin 1743 ; sous-

lieutenant de grenadiers, 7 avril 1746 ; campagne d'Italie ; batailles de Campo-Santo, Plaisance, du Tidone ; lieutenant de grenadiers, 9 février 1760 ; capitaine, 25 avril 1762 ; capitaine de grenadiers, 4 février 1770. Mort à Mataro le 10 août 1775, étant brigadier. (G.).

CABANES (DE). — Lorraine (1) et Hainaut français, venus de Provence.

D'azur à la tour d'argent maçonnée de sable, sommée d'un lion naissant d'or. (Armes de Paul de Cabanes, lieutenant pour le Roy au gouvernement de Charlemont (A. G. Flandre).

1. — Isidore, enseigne, 1er octobre 1707 ; enseigne de grenadiers, 12 juillet 1710 ; sous-lieutenant, 13 février 1711 ; sous-lieutenant de grenadiers, 1er avril 1714 ; lieutenant, 1er décembre 1715 ; guerre de la Succession d'Espagne ; tué à la tranchée de Melazo. (G.).

2. — Philippe, né en 1699 ; enseigne, 8 janvier 1718 ; bataille de Villa-Franca ; sous-lieutenant, 1er mars 1720 ; sous-lieutenant de grenadiers, 20 octobre 1728, après le siège de Gibraltar ; lieutenant, 18 octobre 1727 ; sous-aide-major, 1er octobre 1733 ; bataille de Bitonto ; aide-major, 20 novembre 1735 ; capitaine, 8 juin 1743 ; campagne d'Italie, bataille de Campo-Santo, Velletri, Plaisance, Tidone ; capitaine de grenadiers, 5 janvier

(1) 1789 Bailliage de Thionville. — François-Dominique-Marie-Thérèse de Cabannes l'aîné et Charles-Guillaume de Cabannes le cadet (L. B.) cf. L. C., Roger, D. B.

1760; major du régiment, 3 mai, 1764; lieutenant-colonel du régiment, 30 avril 1771, avec rang de lieutenant-général; mort à Madrid le 29 août 1780, après avoir été commandant-général de la Catalogne.

3. — Jean-Baptiste, enseigne, 8 décembre 1720; siège de Gibraltar ; enseigne de grenadiers, 15 septembre 1728 ; sous-lieutenant. 27 novembre 1728 ; conquête d'Oran en 1732 ; lieutenant, 21 août 1734; bataille de Bitonto ; lieutenant de grenadiers, 11 décembre 1744 ; capitaine, 7 avril 1746; campagne d'Italie; tué à la bataille de Plaisance en 1746. (G.).

4. — Philibert, enseigne, 7 avril 1746 ; enseigne de grenadiers, 16 juin 1747 ; sous-lieutenant, 3 avril 1749 ; lieutenant, 6 juin 1761 ; quitta la même année. (G.).

5. — Charles, enseigne, 30 avril 1752 ; enseigne de grenadiers, 10 août 1757 ; sous-lieutenant, 18 avril 1760 ; campagne de Portugal ; sous-aide-major, 29 mai 1763; lieutenant, 14 mai 1767 ; aide-major, 28 mai 1768 ; capitaine, 30 juillet 1778 ; retraité, 2 mai 1782. (G.).

6. — François-Marie, enseigne, 14 janvier 1758; campagne de Portugal en 1762 ; enseigne de grenadiers, 12 septembre 1762 ; sous lieutenant, 3 mai 1770; démissionna peu de temps après. (G.).

7. — François-Marie, enseigne, 18 septembre 1762 ; sous-lieutenant, 15 juin 1763 ; sous-lieutenant de grenadiers, 9 juin 1768. (G.).

8. — Dominique-Guillaume, enseigne, 23 mai 1782. Ne rejoignit pas. (G.).

9. — François-Xavier, enseigne, 20 mai 1802. (G.).

10. — François de C. de Luttange, enseigne, 3 novembre 1728; conquête d'Oran; sous-lieutenant, 23 février 1733; bataille de Bitonto; sous-lieutenant de grenadiers, 5 mars 1738; lieutenant, 16 septembre 1741; campagnes d'Italie; batailles de Campo-Santo, Velletri, Plaisance, Tidone; lieutenant de grenadiers, 13 août 1746; capitaine, 29 septembre 1750; mort le 28 janvier 1763 à Arroys del Porto (Estramadure.) (G.).

Cardevacque de Gouy d'Havrincourt. — Artois. (R.).

D'hermines au chef de sable.

Michel de C. chevalier de G. d'A., enseigne, 17 juillet 1766; sous-lieutenant, 11 août 1770; descente d'Alger; sous-lieutenant de grenadiers, 28 mars 1776; lieutenant, 2 juin 1777; mort à Masnou le 14 mars 1785. (G.).

Cardon de Fleccard. — Artois (1).

Charles-Louis, enseigne, 10 juin 1769, tué à la descente d'Alger, le 8 juillet 1775. (G.).

*Cardone (de). — Champagne.

De gueules à 3 verveines d'or (P. O. 597).

(1) Pierre Cardon de Flezzard (*sic*). chevalier de Saint-Louis, épousa Adélaïde-Françoise-Josèphe Gonsse, sœur de M. de Rougeville. (*Voir Le vrai chevalier de Maison-Rouge*, par G. Lenôtre.)

« Denis de Cardone, baron d'Anglure, naguère grand-maître des eaux et forêts de Champagne ». — 1607, P. O. 597. — Inventaire dressé après le décès de Charles de Cardonne (*sic*), chevalier, baron d'Anglure, 1646. — Archives de la Marne, E. 150.

Marc de Cardone, lieutenant à la création du régiment ; aide-major, 16 février 1706 avec brevet du colonel ; guerre de la Succession d'Espagne ; expéditions de Sardaigne et de Sicile ; mort à Chinchon (Castille), en 1719. (G.).

CARNIN-LILLIERS-NÉDONCHEL (DE). — Artois. (R. et L. C.)

De gueules à trois têtes de léopard d'or.

Albert-François, comte de C.-L., fils de Maximilien de C., marquis de Nédonchel, baron de Lilliers, lieutenant, 25 janvier 1725 ; siège de Gibraltar ; capitaine, 16 juillet 1730 ; conquête d'Oran en 1732 ; capitaine de grenadiers, 3 octobre 1745 ; reprit une compagnie de fusiliers, le 5 décembre 1749, les capitaines de grenadiers ayant été réformés ; lieutenant-général agrégé à l'état-major de la place de Barcelone ; avait épousé successivement la marquise de Gironella et Marie-Antoinette de Ferrer y Pinos, veuve de Don Juan de Castro, capitaine-général et gouverneur de l'Estramadure. (G.).

CARONDELET (DE). — Franche-Comté et Cambrésis. (L. C.).

D'azur à la bande et à six besans d'or posés en orle. —

La branche de Noyelles chargeait la bande d'un croissant d'azur.

François-Louis-Hector, baron de C., fils de

Jean-Louis de C., baron de Noyelles, né à Valenciennes, le 22 novembre 1691, et qui fut maintenu par arrêt du bureau des finances de Lille dans la qualité de chevalier, baron de Noyelles, et de Marie-Marguerite de Razoir — né le 29 juillet 1747, enseigne, 22 juillet 1763 ; sous-lieutenant, 22 octobre 1767 ; sous-aide-major, 6 août 1768 ; aide-major, 27 juillet 1777 ; agrégé avec le grade de lieutenant-colonel au régiment de *Flandre*, le 18 mars 1779, devint gouverneur de San-Salvador aux Indes. (G.)

2. — Jean-Baptiste-Augustin de C., chevalier de Baudignies, enseigne, 14 mai 1767 ; enseigne de grenadiers, 6 août de l'année suivante ; sous-lieutenant, 27 avril 1771 ; expédition d'Alger ; lieutenant, 28 mai 1778 ; retraité en février 1782. (G.).

3. — François-Marie de C., chevalier de Thumarie, enseigne, 22 mai 1773 ; quitta l'année suivante. (G.).

Caupenne d'Eschaux. — Guyenne et Gascogne. (R.).

D'azur à 6 plumes d'autruche d'argent, les pieds croisés 2 et 2, et posés en chevrons renversés.

Henri-Simon, enseigne, 24 novembre 1770 ; expédition d'Alger ; sous-lieutenant, 26 juillet 1776 ; sous-lieutenant de grenadiers, 23 mai 1782 ; lieutenant, 7 août 1782, avec rang de colonel ; mort à Madrid, le 16 novembre 1789. (G.).

* Cécile (de). — Franche-Comté, (R. et A. G., C. et Courcelles, t. 3, p. 138).

Bandé de gueules et d'argent de sept pièces ; cimier : *Licorne naissante de gueules.*

François, chevalier de C., enseigne, 11 mai 1719 ; sous-lieutenant, 11 mars 1720 ; expédition d'Afrique ; lieutenant, 7 août 1733 ; passa au commandement du régiment wallon d'*Anvers.* (G.).

Chapelle (de). — Alsace, Bourgogne, Soissonnais, Bourbonnais (familles différentes, A. G.).

Chapel. — *Ecartelé aux 1 et 4, d'argent au chevron de gueules, accompagné de 3 chapeaux à l'antique d'azur, liés de gueules ; aux 2 et 3, de sable à 2 annelets concentriques d'or et au chef d'argent chargé d'une croix de sable.* (Valenciennes. R.).

Pierre de C., enseigne, 28 mai 1740 ; enseigne de grenadiers, 14 janvier 1744 ; sous-lieutenant, 3 août 1744 ; campagne d'Italie ; sous-lieutenant de grenadiers, 3 mars 1747 ; lieutenant, 16 juin 1747 ; lieutenant de grenadiers, 18 septembre 1762 ; capitaine, 27 septembre 1763 ; se retira en 1767 avec jouissance de son traitement. (G.).

Chasseau (de). — Bourgogne et Franche-Comté (familles différentes. (G.).

Pierre, enseigne, 20 septembre 1719 ; capitaine d'infanterie, agrégé à Tortose. (G.).

Chastel de la Howarderie (du). — Flandre française.

De gueules au lion d'or, armé, lampassé et couronné d'azur.

Ferdinand-Désiré-David-François du C. de la H., comte du Saint-Empire, baptisé à Lille, paroisse Saint-Maurice, le 9 juillet 1739, officier aux Gardes Wallones, puis lieutenant-colonel commandant la place de Madrid, mort à Lille le 2 janvier 1812. Marié à Catherine-Adélaïde-Josèphe Le Brun, morte à Paris le 7 octobre 1846, d'où postérité née à Lille. (P. de Courcy, *Supplément au P. Anselme*). — Non cité par Guillaume qui en indique quatre de la branche belge.

CHASTEL DE PETRIEU (DU). — Artois. (Cf. H. I, reg. 1, part. 1, p. 130).

D'azur au chevron d'or, accompagné de trois croix recroisettées au pied fiché de même. (P. de Courcy, *Supplément au P. Anselme.*)

Philippe du C., comte de P., fils d'Albéric-Adrien-François du C., comte de P., seigneur d'Houplines et la Vacquerie, sous-lieutenant, 8 juin 1743; sous-lieutenant de grenadiers, 13 août 1746; lieutenant, 3 mars 1747; guerre d'Italie; se distingua à Plaisance; lieutenant de grenadiers, 9 février 1760; capitaine, 20 octobre 1762; capitaine de grenadiers, 25 janvier 1776; descente d'Alger; agrégé à l'état-major de la place de Barcelone, 18 mars 1777. (G.).

CHERMONT (DE). — Pays Messin. (B. N. Preuves de Saint-Cyr. vol. reliés 307-308).

D'argent à la fasce de sable, accompagnée en chef de trois trèfles du même et en pointe de trois merlettes de sable.

1. — Pierre, enseigne, 12 février 1751 ; enseigne de grenadiers, 4 mai 1757 ; sous-lieutenant, 18 février 1760 ; campagne de Portugal ; sous-lieutenant de grenadiers, 31 décembre 1763 ; lieutenant, 14 septembre 1765 ; capitaine, 22 mai 1777 ; lieutenant de Roi à Tortose en 1778. (G.).

2. — Achille, enseigne, 10 juillet 1751 ; sous-lieutenant, 7 août 1760 ; campagne de Portugal ; sous-lieutenant de grenadiers, 18 juillet 1764 ; lieutenant, 20 décembre 1766 ; aide-major, 1767 ; expédition d'Alger ; capitaine, 14 mai 1778. (G.).

CLAIRAC (DE). — Languedoc. (R. et L. C.).

D'azur au lion d'or surmonté de deux étoiles de même.

Nicolas, enseigne, 3 mars 1747 ; enseigne de grenadiers, 14 mars 1750 ; sous-lieutenant, 31 août 1751 ; lieutenant, 28 mai 1762 ; campagne de Portugal ; lieutenant-colonel agrégé à l'état-major de la place de Séville en 1765. (G.).

CLERY DE KLEEFELD. — Français. (G.).

Charles, fils du valet de chambre de Louis XVI qui s'illustra par son dévouement ; sous-lieutenant blessé grièvement à l'affaire de Zugar en Murcie, le 9 août 1812, fut pris par les Français et fusillé le lendemain. (G.).

COLARD (DE). — Bourgogne et Franche-Comté.

D'argent à deux croissants et demi de gueules, renversés en chef, et une flamme de même en pointe. (De Lurion, *Nobiliaire de Franche-Comté*).

Laurent, enseigne, 26 septembre 1717 ; sous-lieutenant, 16 août 1719 ; expédition de Sicile ; tué à la bataille de Franca-Villa en 1719. (G.).

CORETTE (DE), — Français. (R.).

D'azur à trois aigles d'or.

Théodore, sous-lieutenant à la création du régiment ; tué en duel en 1705. (G.).

COURTIN DE TANQUEUX. — Touraine. (L. C.).

D'azur à trois croissants montant d'or, 2 et 1.

Pierre de Tangueux (*sic*), enseigne, 19 novembre 1709, quitta peu après. (G.). — L. C. s'exprime ainsi sur son compte : Pierre-François Courtin, chevalier, seigneur de Tanqueux, ancien lieutenant aux Gardes Wallones, mort le 29 novembre 1765, âgé de 73 ans ; il avait épousé à Paris, le 22 janvier 1720, Claude du Port, d'où postérité.

COLINS DE QUIEVRECHIN, *alias* QUIEVERCHIN. — Hainaut français (B. N. Preuves de Saint-Cyr, vol. relié 308).

D'argent à la bande de gueules accompagnée de 6 tourteaux de même, posés en orle, 3 en chef, 3 en pointe.

1. — Jean-Pierre, fils de Philibert-Antoine C., seigneur de Quievrechin et de Lumbossche, et de Gaspardine-Caroline-Michelle Colins d'Hutvelde ; enseigne, 30 octobre 1741 ; enseigne de grenadiers, 14 novembre 1744 ; sous-lieutenant, 9 février 1745 ; batailles de Campo-Santo, Plaisance, Tidone ; sous-lieutenant de grenadiers, 7 juin 1747 ; lieute-

nant, 30 septembre 1751 ; campagne de Portugal ; lieutenant de grenadiers, 22 novembre 1763 ; capitaine, 5 octobre 1764 ; capitaine de grenadiers, 16 mai 1777 ; mort à Aix-la-Chapelle, le 19 octobre 1780. (G.).

2. — Philippe-Pierre-Jacques-Edouard-Joseph, frère du précédent, enseigne, 16 mars 1757 ; enseigne de grenadiers, 12 février 1762 ; campagne de Portugal ; sous-lieutenant, 20 octobre 1762 ; lieutenant, 4 janvier 1770. (G.).

3. — Charles, frère des précédents, enseigne, 15 juin 1760 ; campagne de Portugal ; enseigne de grenadiers, 2 juillet 1763 ; sous-lieutenant, 5 octobre 1764 ; sous-lieutenant de grenadiers, 9 juin 1768 ; lieutenant, 4 avril 1772 ; blessé à la descente d'Alger, le 8 juillet 1775 ; agrégé à l'état-major de la place de Barcelone. (G.).

CRECY (DE). — Franche-Comté et Picardie. (R.).

D'argent à deux fasces de gueules chargées chacune de trois annelets d'or. (Cf. de Courcy et B. N. Preuves de Saint-Cyr, vol. rel. 307).

Gaspard-Emmanuel, chevalier de C., enseigne, 14 mai 1767 ; enseigne de grenadiers, 6 août 1768 ; sous-lieutenant, 27 avril 1771 ; expédition d'Alger ; sous-aide-major, 4 janvier 1776 ; lieutenant, 30 juillet 1778 ; aide-major, 22 avril 1779, avec rang de colonel ; retraité en 1786. (G.).

CRÉQUY (DE). — Artois, Picardie. (R.).

D'or au créquier de gueules.

Jean-Antoine-Léonor, fils de Louis de C., seigneur de Vangicourt, sous-brigadier de la garde du roi de France, tué à la bataille de Merwinde, le 30 juillet 1693 ; lieutenant, 1er janvier 1708 ; lieutenant de grenadiers, 1er avril 1714 ; guerre de la Succession d'Espagne ; capitaine, 22 avril 1717 ; expéditions de Sardaigne et de Sicile ; mort à Barcelone en 1730. (G.).

Crillon (de). — Soissonnais (originaires du Vaucluse).

D'or à cinq cotices d'azur.

Louis-Antoine-François-de-Paule de Balbe-Crillon, duc de Mahon, grand d'Espagne de 1re classe, fils puîné de Louis de Balbe, marquis de Crillon (créé duc de Mahon par Charles III pour avoir conquis l'île de Minorque, lieutenant-général au service de France, puis capitaine général au service d'Espagne, mort à Madrid en 1796) fut enseigne le 3 juin 1784 ; sous-lieutenant, le 17 juillet 1788 ; quitta les Gardes Wallones en 1793 et passa colonel d'infanterie agrégé ; devint plus tard commandant de la ville de Saint-Sébastien qu'il rendit aux Français en 1808. (G.). Son frère, le comte de Crillon, maréchal de camp, était grand bailli d'épée du bailliage de Beauvais en 1789. (L. B.).

Croeser de Belincourt (de). — Flandre française. (L. B.).

De sable à trois chevrons d'argent accompagnés de trois gobelets du même, alias *trois besans.*

Joseph Thadée de C., seigneur de B., né le

12 décembre 1756, fils de Benoît-Dominique, capitaine aide-major au régiment de *Navarre*, major-commandant de Valenciennes, chevalier de Saint-Louis, mort le 20 mars 1758, et de Marie-Anne-Ignace de Sars; enseigne, 6 juin 1772; enseigne de grenadiers, 15 août 1777; sous-lieutenant, 3 juin 1779; sous-lieutenant de grenadiers, 27 novembre 1783; lieutenant, 16 mars 1786; lieutenant de grenadiers, 8 juillet 1794; capitaine, 20 octobre 1795; campagnes contre la R. F. Retraité en 1798; épousa, le 21 août 1800, Catherine-Josèphe de Sars, sa cousine germaine.

CROIX (DE). — Artois. (L. C.).

D'argent à la croix d'azur.

1. — Charles, marquis de C., enseigne, 18 décembre 1721; expédition d'Afrique; sous-lieutenant, 26 septembre 1725; exempt des gardes du corps de la compagnie flamande en 1726. (G.).

2. — Philippe-Charles-François, marquis de C., fils d'Alexandre-Maximilien-François de C., marquis de Heuchin, et d'Isabelle-Claire-Eugénie de Houchain; enseigne, 18 décembre 1741; enseigne de grenadiers, 9 février 1754; sous-lieutenant, même date *(sic)*; campagnes d'Italie, batailles de Campo-Santo, Plaisance et Tidone; exempt des gardes du corps de la compagnie flamande; brigadier, colonel du régiment wallon de *Bruxelles*; nommé en 1777, capitaine-général du royaume de Valence; mort en 1784. (G.).

3. — Théodore-François, chevalier de C., frère

puîné du précédent, enseigne, 26 août 1747 ; enseigne de grenadiers, 29 septembre 1751 ; lieutenant, 4 février 1756 ; exempt des gardes du corps de la compagnie flamande en 1760 ; lieutenant-général en 1783 ; vice-roi du Pérou en 1784 ; colonel du régiment, 14 janvier 1789 ; grand-croix de l'ordre Teutonique et des ordres de Saint-Jacques et de Charles III ; mort à Madrid, 8 avril 1791. (G.).

4. — Balthazar, enseigne le 16 juin 1743, ne rejoignit pas. (G.).

CROY (DE). — Picardie. (L. C.).

Ecartelé (1 et 4) d'argent à 3 fasces de gueules (Croy), *et (2 et 3) d'argent à 3 doloires de gueules, les 2 du chef, affrontées.*

1. — Charles-Antoine de C., duc d'Havré et de Croy, colonel des Gardes Wallones avec rang de lieutenant-général à la création du régiment, grand d'Espagne et chevalier de la Toison d'Or : campagne de la Succession d'Espagne, tué d'un coup de canon à la bataille de Saragosse, le 20 août 1710, sans avoir été marié. (G. cf. Vegiano.)

2. — Jean-Baptiste-François-Joseph de C., d'abord chanoine de Cologne, puis duc d'Havré et de Croy, après son frère aîné, enseigne, 1er juillet 1707 ; capitaine, 1er janvier 1709 ; colonel du régiment avec rang de maréchal de camp le 30 avril 1710 ; campagne de la Succession d'Espagne ; démissionna le 16 octobre 1716. Il avait épousé à Madrid, le 5 juin 1712, Marie-Anne-Césarine Lanti de la Rovère et mourut à Paris le

24 mai 1727, laissant postérité. Les deux frères étaient fils de Ferdinand-François-Joseph de C., duc d'Havré et de Croy, reçu par arrêt de la Chambre des Comptes de Paris, du 12 mai 1670, à faire foi et hommage pour son duché de Croy, — et de Marie-Josèphe Barbe d'Halewyn. (G.).

3. — Jean-Juste-Ferdinand-Joseph de C., comte de Priego, né le 27 mai 1716, fils puîné de Jean-Baptiste-François-Joseph de C., duc d'Havré, colonel des Gardes Wallones, cité plus haut, fut d'abord colonel du régiment français de *Berri-Cavalerie* en 1738, puis brigadier en 1741 ; passa en 1742 au service de l'Espagne avec l'autorisation de Louis XV ; d'abord aide-de-camp de l'Infant don Philippe, lieutenant-général en 1755, gentilhomme de la Chambre, chevalier de la Toison d'Or en 1752 ; lieutenant-général et colonel du régiment des Gardes Wallones, le 17 septembre 1754, devint comte de Priego et grand d'Espagne par son mariage, le 12 février 1742, avec sa cousine Marie de Lanti de la Rovère, unique héritière de sa maison. Le comte de Priego démissionna le 6 septembre 1778 et mourut sans postérité, le 25 juillet 1790. (G.).

4. — Louis, prince de Croy d'Havré, enseigne, 12 septembre 1791, quitta le 26 juin 1794 comme colonel d'infanterie. (G.).

5. — Philippe-François de C., baron de Molembais, dit le marquis de Croix, fils de Balthasar de C., baron de M. et de Marie-Philippine-Anne de Créquy, colonel d'infanterie, puis capitaine à la

création du régiment des Gardes Wallones ; guerre de la Succession d'Espagne ; quitta en 1716. (G.) (Cf. P. Anselme, *Gén. Croy*, t. v, p. 659).

CUNCHY (DE). — Picardie et Artois.

De gueules à la fasce vivrée d'argent. (A. G. — Picardie. — P. 679).

Titre de comte conféré par Louis XVI en septembre 1779 ; famille admise aux Etats d'Artois.

Charles, chevalier de C., enseigne, 11 avril 1764 ; enseigne de grenadiers, 8 septembre 1767 ; sous-lieutenant, 25 juin 1768 ; sous-aide-major, 20 mars 1773 ; expédition d'Alger ; lieutenant, 2 mai 1776 ; aide-major, 11 septembre 1778 ; capitaine, 15 mai 1788 ; lieutenant de Roi en 1795 à la citadelle de Barcelone. (G.).

— (15 novembre 1729. — Réception à la Noble Famille, de Marie-Charlotte Guislaine, née à Fleury, province d'Artois, le 13 juin 1721, fille de François de Cunchy, écuyer, seigneur de Fleury, et de Marie-Philippe de la Porte.)

DESCOUDŒUVRES. — Hainaut français (Bailliage du Quesnoy.) (L.-B.).

Jean-Baptiste, enseigne, 23 avril 1672 ; enseigne de grenadiers, 14 décembre 1765 ; sous-lieutenant, 18 juillet 1767 ; mort à Madrid, 28 avril 1769. (G.).

DIEUDONNÉ (DE). — Lorraine. (Lainé).

Parti à dextre, d'argent au lion de sable armé et lam-

passé de gueules, couronné d'or ; à senestre, d'azur à trois étoiles à six raies d'or (2 et 1).

Devise : *Fortiter et lucide.*

Une branche en Belgique dont Poplimont donne la généalogie sans Gardes Wallones.

Laurent, commissaire du régiment, le 15 juillet 1754, mort à Barcelone, 7 septembre 1770. L'emploi de commissaire aux G. W. fut supprimé après lui. (G.).

DION (DE). — Artois (originaires de Brabant. L. C.).

D'argent à une aigle impériale portant sur l'estomac l'écusson de Brabant (de sable au lion d'or), à la bordure engrêlée de même.

Couronne ducale. Supports : *Deux sauvages au naturel tenant leur massue haute.*

1. — Philippe-Louis-Alexandre, fils de Louis-François-Tranquillain-Nidon de D., baron de Riquebourg, seigneur de Wandonne, etc., et de Françoise-Alexandrine de Bryas ; enseigne, 16 octobre 1741 ; enseigne de grenadiers, 11 novembre 1744 ; campagne d'Italie, batailles de Campo-Santo, Velletri, Plaisance et Tidone ; sous-lieutenant, 3 novembre 1747 ; lieutenant, 11 avril 1749 ; lieutenant de grenadiers, 20 octobre 1760 ; campagne de Portugal ; capitaine, 14 avril 1764 ; obtint le 8 mars 1776, sa retraite de colonel ; mort le 29 mars 1808. (G.).

2. — Charles-Louis-Joseph, chevalier de D., neveu du précédent ; enseigne, 8 avril 1769 ;

enseigne de grenadiers, 7 août 1775; sous-lieutenant, 2 mai 1776; sous aide-major, 19 décembre 1776; aide-major, 6 juin 1782; retraité en 1786; mort le 7 mars 1820. (G.).

DOYE. — Picardie, Artois, Cambrésis (familles différentes, R.).

Antoine, enseigne, 9 février 1745; sous-lieutenant, 3 mars 1747; lieutenant, 18 février 1760; campagne de Portugal; démissionna le 7 mai 1768. (G.).

DUE. — Franche Comté.

Joseph-Etienne, chevalier de Malte non profès, lieutenant-colonel au régiment des Gardes Wallones en Espagne. (Bailliage de Lons-le-Saulnier, assemblée du 8 avril 1789, des gentilshommes ayant pris part à l'élection des députés de la noblesse aux Etats généraux.) (L. B.).

Non cité par Guillaume.

DUHOT DE SAINT-FLEURY ET DE LA CAULERIE. — Flandre française.

D'azur à un entrelas d'or. (A. G. — Flandre. — Lille, p. 141).

Louis, enseigne, 18 avril 1743; enseigne de grenadiers, 11 août 1745; sous-lieutenant, 7 avril 1746; batailles de Plaisance et de Tidone; sous-lieutenant de grenadiers, 4 décembre 1751; lieutenant, 7 septembre 1754; sous-aide-major, 16 août 1755; aide-major, 28 décembre 1761; expédition de Portugal; capitaine, 8 septembre 1767; descente d'Alger, 1775; retraité brigadier le 1er juillet 1782. (G.).

ELIOT (D'). — Flandre française (1). (V. Liot.)

D'azur à 2 haches adossées d'argent, les manches d'or.

1. — Désiré, enseigne, 3 janvier 1794; enseigne de grenadiers, 30 octobre 1794; sous-lieutenant, 15 mai 1795; campagnes contre la R. F.

2. — Charles, enseigne, 12 avril 1800. (G.).

ESCHAFFIN (D). — Dauphiné. (R. et P. O. 1057.).

D'azur à la colombe d'argent tenant en son bec un laurier d'or.

1. — Jean, enseigne, 2 avril 1757; enseigne de grenadiers, 22 février 1762; campagne de Portugal; sous-lieutenant, 7 décembre 1762; colonel du régiment volontaire royal. (G.).

2. — Sébastien, enseigne, 15 juin 1760; campagne de Portugal; enseigne de grenadiers,

(1) 2 février 1717, réception à la Noble Famille, de Marguerite-Maximilienne, fille d'Hippolyte-Joseph Déliot, écuyer, seigneur des Landes, et d'Albertine-Françoise Obert, née au village de Loos châtellenie de Lille, le 12 février 1708. — Cette institution avait été fondée en mai 1686 par lettres patentes de Louis XIV portant établissement d'une maison pieuse sous le titre et communauté de la Sainte et Noble Famille de la ville de Lille « dans laquelle seront reçues les filles des pauvres gentilshommes nos sujets de nostredite province de Flandre ». Pour qu'une jeune fille pût entrer dans cette maison, il fallait qu'elle fût née dans la ville ou châtellenie de Lille, Douay ou Orchies, dans la province d'Artois ou de Haynaut français, de famille domiciliée et originaire du pays. Cette règle fut strictement observée jusqu'en 1737, époque où un règlement du 11 septembre réserva cinq places aux filles nobles nées dans le Tournaisis et le Haynaut autrichien.

2, juillet 1763; sous-lieutenant, 15 août 1764; lieutenant, 16 mars 1771; descente d'Alger; retraité en 1780. (G.).

ESQUILLE (D'). — Navarre française. (L. C. t. VI, p. 133, et R. *D'or à cinq bandes de gueules.*

1. — Jean-Pierre, aide-major, mort à Reus, le 19 septembre 1786. (G.).

2. — Jean-Pierre, enseigne, 8 septembre 1764; enseigne de grenadiers, 8 septembre 1767; sous-lieutenant, 10 mai 1775; descente d'Alger, 1775; sous-aide-major, 18 juillet 1778; lieutenant, 23 mai 1782; aide-major, 6 août 1784; lieutenant de grenadiers, 27 décembre 1787; capitaine, 15 mai 1788; campagnes contre la R. F.; tué le 4 septembre 1794, à Lesar en Aragon. (G.).

FAYS (DU). — Artois, Picardie, Tournaisis (1) (familles différentes. R.).

Joseph, sous-lieutenant à la création, tué à la chasse par accident en 1705. (G.).

FIENNES (DE). — Artois. (R. et L. C.).

D'argent au lion de sable, armé et lampassé de gueules.

Jean-Baptiste, enseigne, 1er juillet 1706; tué en Catalogne en 1707. (G.).

FLOTTE D'AGOULT DE VILLENEUVE (DE). — Provence. (R. et C.).

De gueules au lion d'or, armé et lampassé d'argent.

Jean, enseigne, de 1735 (27 octobre) à 1738. (G.).

(1) Province française jusqu'en 1709.

Fontaines (des). — Flandre française (1). (R. et A. G.).

D'azur à 3 pals d'or, à une tour de sable en abîme, maçonnée d'argent, brochant sur le tout.

Jean-Baptiste, enseigne, 9 novembre 1744 ; sous-lieutenant, 25 août 1746 ; sous-lieutenant de grenadiers, 22 septembre 1754 ; lieutenant, 27 juillet 1757 ; campagne de Portugal ; lieutenant de grenadiers, 18 juillet 1764 ; capitaine, 13 mai 1770 ; descente d'Alger ; capitaine de grenadiers, 6 octobre 1780 ; obtint, étant brigadier, le gouvernement de Vich en 1786. (G.).

* Fontanières (de). — Auxerrois (2).

Philippe, chevalier de F., enseigne, 26 août 1718 ; mort en Sicile en 1719. (G.).

Forbin (de). — Provence (R.).

D'or au chevron d'azur accompagné de 3 têtes de léopard de sable lampassées de gueules. (G.).

Lieutenant, 7 janvier 1719 ; démissionna en 1721. (G.).

Fort de Saint-Maurin. — Principauté d'Orange. — Originaires de Riez en Provence (3).

D'azur au lion d'or tenant une masse du même. (R.).

(1) Une fille de ce nom reçue à la Noble Famille.

(2) Jean de Fontanières, écuyer, seigneur en partie de Guerchy en Puisaye (1543). Marie du Parc, sa veuve, de la paroisse de Treigny (1558) (P. O. 1188).

(3) Zacharie F. de Saint-Maurin, après avoir été colonel du régiment de *France-Dragons* qu'il avait levé pour le service de Philippe V, mourut en Espagne avec rang de brigadier. Noble Balthazar du F. de St-M., originaire de la ville d'Orange, capitaine réformé à la suite du

1. — Pierre, enseigne, 3 mars 1747 ; sous-lieutenant, 31 août 1750 ; sous-lieutenant de grenadiers, 1er mars 1760 ; lieutenant, 28 mai 1762 ; campagne de Portugal ; lieutenant de grenadiers, 2 mars 1771 ; capitaine, 8 avril 1775, avec rang de brigadier, descente d'Alger ; prisonnier des Français à la bataille de Viscarette, le 17 octobre 1794. (G.).

2. — Joseph, enseigne, 28 février 1756 ; agrégé à Valence comme capitaine d'infanterie. (G.).

3. — Emmanuel, enseigne, 1er mars 1754 ; enseigne de grenadiers, 15 mai 1756 ; sous-lieutenant, 3 janvier 1762 ; campagne de Portugal ; lieutenant, 25 août 1767 ; mort à Barcelone, 31 mars 1774. (G.).

FOUCAULT (DE). — Flandre. (A. G.) Lorraine, Picardie. (R.).

FAMILLES DIFFÉRENTES (1).

Louis, enseigne, 10 décembre 1798 ; sous-lieutenant, 20 décembre 1802. (G.).

FOURMESTRAULX DE SAINT-DENIS. — Flandre française.

D'or à 3 aigles de gueules à double tête. (R. et Chérin).

François, enseigne, 10 mai 1785 ; démissionna le 2 décembre 1785 (2).

régiment de *France-Dragons* au service du roi d'Espagne, épousa en 1724 Thérèse d'Ollivier, fille d'Antoine Honoré d'O., conseiller du Roi, receveur des fermes au bureau de Montdragon. Plusieurs autres membres de cette famille furent officiers en Espagne. (Chérin, vol. 84.)

(1) François, vicomte de Foucauld, major au régiment de l'*Ile de France*, épousa à Béthune, en 1768, Jeanne-Françoise-Josèphe, fille d'Alexandre-Auguste-Joseph de Beaulaincourt, comte de Marles, d'une famille connue aux G. W. — Foulcauld (Périgord) : *D'or au lion de gueules*. Cf. Chérin, G[ie] Foucauld. vol. 84.

(2) En 1783, M. de Fourmestreaulx de Saint-Denis, seigneur de

FRANEAU DE HYON DE GOMEGNIES. — Cambrésis. (G.).

De gueules à une licorne assise d'argent. (R.).

Michel-François-Joseph F. de H., chevalier de G., né le 7 mai 1668, fils de Philippe-François F., baron de G., seigneur d'Arbre et d'Altre, pair du Cambrésis, mort le 11 novembre 1681, et d'Anne Isabelle d'Arleu ; nommé capitaine à la création du régiment ; tué à l'attaque de Villaréal en janvier 1706 (1). (G.).

• FRESNOYE (DE LA). — Français. (I. N.).

Guillaume, enseigne, 14 mai 1767 ; mort à Barcelone, le 4 juillet 1767. (G.).

GALLOIS (DE). — Provence. (G. et L. C.). Picardie, Franche-Comté. (R.).

François, sous-lieutenant, 1er octobre 1707 ; lieutenant, 3 février 1711 ; guerre de la Succession d'Espagne ; colonel agrégé d'état-major de la place de Barcelone en 1725. (G.).

GAND (DE). — Flandre française.

De sable au chef d'argent. (Lainé).

Gussenies, demeurait au château de Gussenies-lez-Bavay et à Valenciennes ; il venait d'avoir un fils nommé à une sous-lieutenance dans le régiment *Royal-Comtois*. (Chérin, vol. 85).

(1) Mai 1709 Lettres patentes de Louis XIV, portant érection en comté de la terre de Gommegnies en faveur d'Albert-Michel Franeau : « Michel-François d'Yon, chevalier de Gommegnies, son frère, ayant été fait capitaine des Gardes Wallones de notre très cher frère et petit-fils le roy d'Espagne, il auroit été tué à son service au mois de janvier 1706, à l'attaque de la ville de Villareal dans laquelle il entra le premier l'épée à la main ». (Poplimont).

Charles-François Gabriel, vicomte de G., comte du Saint-Empire, né le 27 décembre 1752, colonel du régiment de *Champagne* en 1777, gentilhomme d'honneur de Monsieur, comte d'Artois, commanda d'abord en Espagne, en 1794, le régiment de *La Reine*, composé d'émigrés français ; en 1814, Ferdinand VII le nomma colonel honoraire des Gardes Wallones — mort le 24 mars 1818. (G..) Son frère aîné, Guillaume-Louis-Camille, fut pair de France. (Cf. P. de Courcy.)

GARNIER DE FARVILLE. — Français. (I. N.).

Jean, enseigne, 1er janvier 1707 ; sous-lieutenant, 16 avril 1708 ; sous-lieutenant de grenadiers, 10 février 1711 ; lieutenant, 12 juillet 1712 ; guerre de la Succession d'Espagne ; expédition de Sardaigne et Sicile ; lieutenant de grenadiers, 17 mars 1720 ; quitta en 1722. (G.).

GENEST (DE). — Guyenne. (R.).

D'argent à 3 porcs-épics de sable (2 et 1), accompagnés en pointe d'un genêt de sinople.

1. — Jean-François, enseigne, 1er juin 1707 ; enseigne de grenadiers, 1er juillet 1708 ; guerre de la Succession d'Espagne ; tué à la Guardia, en Catalogne, en 1708.

2. — Pierre, sous-aide-major, 1er juillet 1702 ; siège de Barcelone ; aide-major, 11 octobre 1716 ; mort peu de temps après à Benavarre. (G.).

GIRAUD (DE). — Provence. (R.).

D'argent à 3 bandes d'azur, la 2e chargée de 3 têtes de loup d'or.

N., fils de Gilles de G., officier de cavalerie au service de France, et de Thérèse d'Aiguières ; sous-lieutenant, 30 avril 1704 ; tué pendant la campagne de Portugal en 1705. (G.).

GODET (DE). — Champagne. (R. et C. H. 165).

D'azur au chevron d'or accompagné de 3 pommes de pin du même.

Jean, enseigne de grenadiers, 3 novembre 1717 ; expédition de Sicile ; bataille de Villa-Franca ; sous-lieutenant de grenadiers, 1er mars 1720 ; siège de Gibraltar ; lieutenant, 5 août 1728 ; lieutenant-colonel agrégé à l'état-major de la place de Barcelone. (G.).

GRIMAU (DE). — Roussillon. (R.).

D'or à 3 coquilles oreillées d'azur.

Joachim, enseigne, 7 août 1733 ; campagne d'Italie ; bataille de Bitonto ; enseigne de grenadiers, 19 novembre 1735 ; sous-lieutenant, 18 février 1737 ; lieutenant, 8 juin 1745 ; bataille de Plaisance et du Tidone ; lieutenant de grenadiers, 2 juin 1751 ; capitaine, 11 janvier 1755 ; campagne de Portugal ; capitaine de grenadiers, 24 mai 1766 ; mort à Barcelone, 25 décembre 1775. (G.).

GUYOT DE MALSEIGNE, MARQUIS DE MAICHE. — Franche-Comté.

D'azur au chevron accompagné en chef de 2 roses, le tout d'or, et en pointe, d'une étoile de même, soutenue d'un croissant d'argent. (Courcelles, t. III, p. 267).

Constantin de M., chevalier de Maiche, enseigne, 12 juillet 1787 ; sous-lieutenant, 11 mars 1793 ; lieutenant, 10 décembre 1795 ; campagnes contre la R. F. ; aide-major, 23 octobre 1800 ; quitta en 1802. (G.).

HACQUEVILLE (D'). — Ile-de-France. (R.).

D'argent au chevron de sable chargé de 5 aigles d'or et accompagné de 3 têtes de paon d'azur.

1. — Jean-François, enseigne, 18 juin 1744, tué à l'affaire de Velletri. (G.).

2. — Pierre, enseigne, 9 février 1745 ; sous-lieutenant, 3 mars 1747 ; sous-lieutenant de grenadiers, 15 février 1755 ; lieutenant, 20 août 1757 ; lieutenant-colonel agrégé à Saint-Philippe. (G.).

HAMEL (DE OU DU). — Artois. (L. C.).

De gueules au chef d'or chargé de 3 molettes d'éperon à 5 pointes de sable.

Jean-Antoine-Constant, fils d'Antoine-Constant, marquis de (ou du) Hamel-Bellenglise et de Marie-Louise-Charlotte de Dion qu'il avait épousée en 1739 ; enseigne, 25 février 1779 ; enseigne de grenadiers, 1er janvier 1783 ; sous-lieutenant, 1er août 1784 ; retraité en 1788. (G.). Deux de ses frères furent, l'un, mousquetaire, l'autre, capitaine au régiment du *Roi-Infanterie*.

HAULT DE LASSUS (DE). — Hainaut français (Valenciennes). B. et N. H. vol. 183).

Coupé au 1er d'azur à un roitelet d'or, volant vers un soleil du même, mouvant du canton dextre du chef ; au 2e, d'argent à une aigle de profil de sable, le vol levé.

N.., enseigne, 1782 ; sous-lieutenant de grenadiers, 6 mars 1794 ; passa, le 30 octobre 1794, lieutenant-colonel à la Louisiane. (G.).

HAYNIN (DE). — Flandre française.

D'or à la croix engrêlée de gueules.

Louis-François, baron de H., seigneur de Ransart, né en 1700, fils de Joseph, baron de H. et d'Hamelicourt, enseigne, 6 février 1723 ; siège de Gibraltar ; enseigne de grenadiers, 9 juillet 1728 ; sous-lieutenant, 5 août 1728 ; conquête d'Oran ; sous-lieutenant de grenadiers, 29 novembre 1733 ; campagne d'Italie, bataille de Bitonto ; lieutenant, 30 novembre 1735 ; quitta en 1737 et épousa le 8 juillet, Marie-Ignace de Wedebien (1). (G.).

HENNEBUISSE (D'). — Hainaut français (Valenciennes).

D'argent à 2 ancres de sable posées en sautoir, accompagnées de 4 étoiles à 6 raies de gueules. (A. G. Flandre, p. 1010).

(1) 19 mars 1715. — Réception à la « Noble Famille » d'Isabelle-Françoise-Marie de Haynin, fille de Joseph, baron de H. et de Marie-Rose de la Porte. Elle avait été baptisée en l'église de la Madeleine de Lille, le 27 juin 1707.

1. — Louis, sous-lieutenant à la création du régiment ; sous-lieutenant de grenadiers, 1er février 1705 ; tué à l'attaque de Vauréal en 1706. (G.).

2. — Jacques, enseigne, 1er février 1706 ; sous-lieutenant, 1er janvier 1707 ; sous-aide-major, 1er juillet 1710 ; guerre de la Succession d'Espagne ; tué au siège de Melazo en 1714. (G.).

3. — Pierre, enseigne, 1er janvier 1713 ; siège de Barcelone ; sous-aide-major, 14 avril 1715 ; mort en Sicile en 1719. (G.).

HÉRON DE LA THUILERIE (DE). — Paris. (G. et L. C.).

Ecartelé aux 1 et 4, d'azur au chevron d'or accompagné de 3 grenades du même, tigées et feuillées de sinople, ouvertes de gueules, posées 2 en chef et 1 en pointe, sous la grenade du bas de l'écu, un pélican d'or dans son aire (Héron) ; *aux 2 et 3, d'argent à 3 lézards grimpants de sinople, 2 et 1, en chef un lion de gueules armé et lampassé de même* (Du Poirier).

1. — Emmanuel, lieutenant, 1er juillet 1706 ; lieutenant de grenadiers, 19 juin 1711 ; guerre de la Succession d'Espagne ; capitaine, 12 février 1716 ; expédition de Sardaigne et Sicile ; bataille de Villa-Franca ; expédition d'Afrique ; siège de Gibraltar ; conquête d'Oran ; capitaine de grenadiers, 29 novembre 1733 ; campagne d'Italie ; remis capitaine de fusilliers le 1er janvier 1749, son emploi ayant été supprimé ; lieutenant-général gouverneur de Tarragone.

2. — Charles, enseigne, 13 août 1789 ; enseigne de grenadiers, 3 janvier 1794 ; sous-lieutenant,

15 mai 1794 ; sous-aide-major, 5 août 1795 ; lieutenant, 14 janvier 1799 ; campagne contre la R. F. (G.).

HERSANT (DE). — Français (1).

D'argent au chevron de gueules accompagné de 3 merlettes de sable, 2 en chef, 1 en pointe.

1. — Etienne, sous-lieutenant, 1er février 1706 ; lieutenant, 16 octobre 1708 ; guerre de la Succession d'Espagne ; siège de Barcelone ; capitaine, 1er avril 1715 ; quitta en 1716. (G.).

2. — Louis-Gaspard, sous-lieutenant, 1er juillet 1706 ; lieutenant, 1er avril 1708 ; guerre de la Succession d'Espagne ; tué à la bataille de Saragosse en 1710. (G.).

HESPEL DE COISNES (D'). — Lille en Flandre.

Ecartelé aux 1 et 4, d'or à 3 ancolies d'azur ; aux 2 et 3, d'argent au chevron parti d'or et d'azur. (Courcelles).

Ferdinand, chevalier d'H., fils de Clément-Séraphin-Marie d'H. seigneur de C. et de Henriette-Françoise de Wezières-Fourmestraux ; enseigne,

(1) P. O. 1518. Gaspard Hersan (*alias* Hersent) anobli le 17 septembre 1703 : « Il a marqué son attachement auprès de notre très cher et très amé petit-fils le duc de Bourgogne pendant qu'il a servi près de sa personne en qualité d'huissier et auprès de notre très cher et très amé frère et petit-fils le roi d'Espagne où il a rempli la charge de premier valet de garde robe pendant qu'il étoit duc d'Anjou et à présent en Espagne où il est revestu de la charge de gentilhomme de la chambre de S. M. Catholique et de premier maistre de sa garde robe dont il s'acquitte tres dignement a la satisfaction entière de ce Prince ».

14 mai 1767 ; sous-lieutenant, 27 avril 1771 ; descente d'Alger ; lieutenant, 25 novembre 1779 ; chevalier de l'ordre d'Alcantara ; retraité en avril 1783, se retira à Lille.

HOUCHIN (DE). — Artois. (L. C.-B.).

D'argent de 3 losanges de sable rangés en pal. (Houchin, marquis de Longastre) ; une autre famille de la même province porte : *D'azur au chevron d'or accompagné de 3 quintefeuilles de même, au chef d'azur chargé d'une aigle de sable.*

1. — Théodore, lieutenant à la création du régiment ; lieutenant de grenadiers, 11 juillet 1708 ; guerre de la Succession d'Espagne ; se retira l'année suivante avec le grade et la pension de colonel de cavalerie.

2. — François, marquis de H., sous-lieutenant, 30 novembre 1705 ; sous-lieutenant de grenadiers, 1er janvier 1707 ; lieutenant, 21 décembre 1708 ; 1er sous-aide major, 18 février 1711 ; aide-major, 1er juin 1714 ; guerre de la Succession d'Espagne ; siège de Barcelone ; expéditions de Sardaigne et Sicile ; se distingua à la bataille de Villa-Franca ; capitaine, 12 décembre 1719 ; expédition d'Afrique, 1720 ; siège de Gibraltar, conquête d'Oran, bataille de Bitonto ; capitaine de grenadiers, 5 mars 1738, avec rang de lieutenant-général ; reprit une compagnie de fusilliers le 10 novembre 1744 pour commander le régiment à la tête duquel il fut tué à la bataille de Plaisance en 1746. (G.).

3. — François-Antoine, enseigne, 23 novembre

1733 ; sous-lieutenant, 6 août 1737 ; sous-lieutenant de grenadiers, 11 janvier 1744 ; lieutenant, 9 novembre 1744 ; guerre d'Italie, affaires de Campo-Santo, Velletri, Plaisance, du Tidone ; lieutenant de grenadiers, 21 janvier 1755 ; capitaine 16 mars 1757 ; colonel agrégé au régiment du *Prince-cavalerie*. (G.).

4. — François-Marie, marquis de H., enseigne, 3 octobre 1739 ; sous-lieutenant, 4 février 1745 ; campagne d'Italie ; sous-lieutenant de grenadiers, 19 septembre 1750 ; lieutenant, 24 octobre 1752 ; campagne de Portugal ; lieutenant de grenadiers, 10 avril 1763 ; capitaine, 19 juin 1766 ; descente d'Alger, 1775 ; retraité brigadier agrégé à l'état-major de la place de Barcelone en janvier 1782.(G.).

Huart (d'). — Lorraine, originaires du Luxembourg.

D'argent à un houx de sinople, fruité de gueules, issant d'un brasier ardent.

Devise : *Cor meum sicut agrifolium ardet.*

Charles-Elisabeth-Joseph, chevalier, baron d'H., seigneur de la Sauvage, des Deux Sosnes, de Bonneval, etc., fils de Jean-François-Henri-Gérard, capitaine aux Gardes Wallones avec rang de brigadier, et de Marie-Camille de Villers de Grignoncourt, naquit au château de la Sauvage, le 4 janvier 1756 ; enseigne, 24 novembre 1770 ; enseigne de grenadiers, 10 septembre 1775 ; descente d'Alger ; sous-lieutenant, 23 août 1782. Un duel malheureux lui ayant fait perdre son emploi, il rentra en qualité d'enseigne, redevint sous-lieutenant, quitta en 1788, et épousa, le 1er septembre 1789, Olympe Louise-Séraphine de Saint-Mauris-Châtenois. (G.).

Cette famille a fourni quantité d'officiers aux Gardes Wallones, mais celui qui nous occupe paraît être le seul qui soit devenu Français (V. *G. de la famille d'Huart.* — Aug. Neyen. *Histoire de la seigneurie de Jamoigne* dans le t. X. des publications de la Société pour la recherche et la conversation des monuments historiques dans le grand-duché de Luxembourg. Cf. baron d'Huart. — *Souvenirs de famille.* — Metz. 1850.

HUGUET. — Lorraine. (R.).

D'azur à 3 têtes de licorne d'argent.

Ramond, enseigne, 4 novembre 1802. (G.).

JACOBS (DE). — Picardie et Artois.

D'or au chevron d'azur accompagné de 3 coquilles de gueules, alias *d'or, à la fasce de gueules accompagnée de 3 coquilles d'argent.*

Ignace, enseigne, 3 avril 1736 ; sous-lieutenant, 28 décembre 1741 ; campagne d'Italie ; tué à l'attaque de Velletri en 1744. (G.).

JOULET (DE) *alias* JOULEY (DE). — Bresse. (R.).

D'azur à 3 fers de lance d'argent.

1 — Pierre, enseigne, 26 septembre 1719 ; expédition d'Afrique; enseigne de grenadiers, 1er décembre 1723 ; sous-lieutenant, 11 du même mois : con-

quête d'Oran ; lieutenant, 9 décembre 1733 ; campagne d'Italie : bataille de Bitonto ; mort à Madrid en 1736.

2. — Jean, enseigne, 1er janvier 1744 ; se retira peu de temps après. (G.).

Laborde (de). — Franche-Comté.

D'or au hêtre arraché de sinople (Bonvallet.)

Louis, enseigne, 18 avril 1742 ; sous-lieutenant, 20 août 1745 ; campagne d'Italie ; sous-lieutenant de grenadiers, 13 août 1751 ; sous-aide-major vers 1752 ; lieutenant, 4 juin 1753 ; aide-major, 26 février 1761 ; capitaine, 2 avril 1767 ; expédition d'Alger ; capitaine de grenadiers, 10 août 1779 ; brigadier, 3 janvier 1783 ; retraité en 1788. (G.).

Lachaussée (de). — Picardie.

Ecartelé de sable et d'argent (N. H.). (1)

Charles, enseigne 1er janvier 1594 ; enseigne de grenadiers, 26 juillet 1755 ; sous-lieutenant, 10 août 1757 ; sous-aide-major, 15 novembre 1756 ; aide-major, 3 janvier 1762 ; campagne de Portugal ; lieutenant, 8 septembre 1764 ; colonel en 1776 ; capitaine, 11 février 1777 ; mort à Villa-Franca de Ebro en 1778. (G.).

La Framboisière (de). — Hainaut français (A. G.) Alsace (R.).

Ecartelé aux 1 et 4, d'argent à 3 chevrons de sable accompagnés de 3 baies (ou framboises) au naturel, la

(1) Preuves de Charles de L., page de la grande Ecurie en 1769.

tige en haut, aux 2 et 3 d'argent à la croix de Jérusalem d'or.

Louis, comte de La F., enseigne, 3 octobre 1741; sous-lieutenant, 30 mai 1744; campagne d'Italie, affaires de Campo-Santo, Velletri, Plaisance et Tidone; sous-lieutenant de grenadiers, 30 mars 1747; lieutenant, 10 juin 1751; campagne de Portugal; lieutenant de grenadiers, 7 décembre 1762; capitaine, 27 juin 1764; descente d'Alger en 1775; mort à Paris le 3 janvier 1776. (G.).

* La Hamaide (de). — Cambrésis et Hainaut. (A. G. et P. Anselme.)

D'or à la hamayde de gueules (herse en forme de 3 fasces alaisées) surmontée d'un croissant de sable.

Pierre, enseigne, 1er janvier 1708; mort de ses blessures en 1709. (G.).

La Haye de Saint-Hilaire. — Français (I. N.).

Henri, enseigne, 25 août 1786; obtint une compagnie de dragons en 1789 (1). (G.).

Lainé (de). — Beauvaisis.

D'argent au dextrochère de carnation habillé d'azur tenant une massue de sinople levée. (C.).

Jean, enseigne, 15 novembre 1742; quitta peu de temps après. (G.).

(1) Édouard de La Haye de Saint-Hilaire, officier de chouans, fut impliqué dans l'affaire de la Machine Infernale. (V. Desmarest, *Quinze ans de haute police sous le Consulat et l'Empire*) pp. 56, 63, 92, 378.

LAMBERTYE (DE). — Luxembourg français Longwy. (A. G.).

D'azur à 2 chevrons d'or.

Laurent, chevalier de L., enseigne, 1er octobre 1707 ; enseigne de grenadiers, 1er mars 1709 ; sous-lieutenant, 12 juillet 1710 ; sous-lieutenant de grenadiers, 12 juin 1711 ; guerre de la succession d'Espagne : tué au siège de Cordoue en 1711. (G.).

LAMBRAULT (DE). — Soissonnais. (L. C.).

D'or à une rose de gueules, au chef de même.

Henry-Joseph, chevalier de L., enseigne, 22 juillet 1763 ; sous-lieutenant, 22 octobre 1767 ; enseigne de grenadiers, 21 janvier 1775 ; descente d'Alger ; lieutenant, 26 février 1776. Retraité à Barcelone le 8 novembre 1784 (G.); parait fils de Jean-Baptiste, grand maître des eaux et forêts du duché de Guise en 1732 et d'Elisabeth Suzanne de Lancry (V. L. C.).

LANCRY (DE). — Picardie. (R et B. N. Vol. reliés 296. — Preuves de Saint-Cyr.)

D'or à 3 ancres de sable.

Joseph, chevalier de L., enseigne, 9 septembre 1733 ; campagne d'Italie, bataille de Bitonto ; enseigne de grenadiers, 28 décembre 1735 ; sous-lieutenant, 28 avril 1738 ; sous-lieutenant de grenadiers, 18 octobre 1741 ; mort à Porto-Hercule en 1741. (G.).

LANDAS-MORTAGNE (DE). — Flandre française et Artois. B. N. vol. reliés 301. — Preuves de Saint-Cyr.

Parti émanché d'argent et gueules. (A. G.).

1. — Charles, chevalier de L., enseigne, 29 janvier 1724; mort à Perpignan en 1726. (G.).

2. — Joseph, baron de L.-M., fils de Robert-Charles-Joseph, baron de L.-M. et d'Anne-Josèphe d'Assignies; enseigne, 6 juin 1776; sous-lieutenant, 16 juin 1780; siège de Gibraltar; sous-lieutenant de grenadiers, 15 février 1785; lieutenant, 1er juin 1786; lieutenant de grenadiers, 11 septembre 1794; capitaine le 30 octobre suivant. Campagnes contre la R. F. et première campagne de la guerre de l'Indépendance. Tué à la bataille de Medellin le 28 mars 1809. (G.).

LANGA (DE). — Navarre française. (R.).

D'azur au chevron d'argent, chargé de 2 croissants montants d'or et accompagné de 3 étoiles de même.

Maximilien-Gaston, lieutenant, 20 décembre 1719. Corregidor d'Origuela peu de temps après. (G.).

LANNOY (DE). — Artois. (L. C.).

D'argent à 3 lions de sinople, armés et lampassés de gueules, couronnés d'or (2 et 1).

1. — Ferdinand, chevalier de L. (fils d'Ignace-Godefroid de L., comte de Beaurepaire, fils lui-même de Charles-Ignace-François, comte de L. et de Beaurepaire, député général de la noblesse des États d'Artois, mort à Arras le 10 octobre 1752) —

enseigne, 17 décembre 1789; enseigne de grenadiers, 23 janvier 1794 : sous-lieutenant, 16 juin 1794 : campagnes contre la R. F. : lieutenant, 11 février 1799. (G.).

2. — Alexis-Jean, comte de L.-B., oncle du précédent, enseigne, 16 août 1739 : campagne d'Italie, affaires de Campo-Santo, Velletri, Plaisance, du Tidone : enseigne de grenadiers, 14 juin 1744 : sous-lieutenant, 4 mars 1745 : sous-lieutenant de grenadiers, 5 août 1746 : sous-aide-major, 3 mars 1747 : lieutenant le même jour : lieutenant de grenadiers, 28 mai 1762 : expédition de Portugal : capitaine, le 22 novembre suivant. (G.).

3. — Joseph, comte de L., fils de Charles-François, comte de L., baron de Wasmes, seigneur d'Outrebecq, Maufait, etc. mort le 31 juillet 1726, et de Marie du Fief, dame d'Espierres, sa première femme : sous-lieutenant à la création du corps : sous-lieutenant de grenadiers, 3 août 1704 : tué au siège de Gibraltar en 1705. (G.).

4. — Robert-Lamoral, comte de L., frère du précédent, lieutenant à la création du corps : capitaine, 20 septembre 1705. Campagnes de la Succession d'Espagne : siège de Barcelone : capitaine de grenadiers, 1er juin 1715 ; major du régiment, 1er février 1717, avec rang de maréchal de camp : expéditions de Sardaigne et Sicile : bataille de Villa-Franca. Quitta en 1727 et épousa, la même année, Marie-Antoinette de Robles, comtesse d'Annappes, dans la châtellenie de Lille.

5. — Pierre-Maximilien, comte de L., frère du précédent, né le 4 janvier 1677, sous-lieutenant, 18 février 1711 ; dernières campagnes de la Succession d'Espagne ; siège de Barcelone et expédition de Sardaigne ; lieutenant, 3 novembre 1717 ; expédition de Sicile ; lieutenant de grenadiers, 1er janvier 1720 ; siège de Gibraltar ; capitaine, 3 janvier 1728 ; conquête d'Oran. Se retira en 1733, avec le rang de brigadier, et mourut à Annappes, dont il avait hérité de son frère, le 10 septembre 1749. (G.).

Cf. *Bulletin de la commission historique du département du Nord*, t. XI, p. 50. — 1871 ; Statistique féodale de la châtellenie de Lille, par Th. Leuridan, *Comté d'Annapes* :

« Robert Lamoral, comte de Lannoy, baron de Wasmes, devint comte d'Annapes par donation de sa femme et eut pour héritier son frère consanguin, Pierre-Maximilien, comte de L., baron de W., mort à Annapes, le 18 septembre 1749. — François-Ferdinand, son fils, comte de L., baron de Wasmes et d'Espierres, seigneur de Quiquempoix, figure parmi les nobles du bailliage de Lille qui prirent part à l'élection des députés aux Etats généraux en 1789. » — *Ibid.*, p. 118. « Marie-Françoise d'Angeville, épouse de Maximilien de Lannoy, chevalier, seigneur de Saint-Calixte, officier dans les Gardes Wallones, en 1732. »

La Porte de Waulx (de). — Artois, Picardie. (A. G.).

D'or à la bande d'azur.

Joseph-Auguste, chevalier de La P. de W., enseigne, 14 mai 1767 ; sous-lieutenant, 27 avril 1771. Descente d'Alger en 1775 ; lieutenant, 9 octobre 1778, avec rang de colonel. Siège de Gibraltar ; lieutenant de grenadiers, 1er août 1788 ; capitaine, 27 août 1791. (G.).

26 juillet 1701. — Réception à la Noble Famille, de Marie-Françoise, fille de François-Lamoral de La Porte, écuyer, seigneur de Waulx, et de Marie-Madeleine de Pisseleux ; baptisée en l'église paroissiale de Saint-Martin de Waulx, pays d'Artois, le 30 juillet 1692.

La Rochelle (de). — Bourgogne, Soisonnois. (A. G.). Franche-Comté. (R.).

Losangé d'argent et de gueules.

Christophe-François, chevalier de La R., enseigne, 10 mars 1763 ; sous-lieutenant, 22 octobre 1767 ; sous-lieutenant de grenadiers, 18 octobre 1774 ; mort à Barcelone, le 17 décembre suivant. (G.).

Larre (de). — Guyenne. (A. G.).

« N. de Larre, juge garde royal de la monnoye de cette ville (Bayonne), porte : *D'or à un arbre arraché de sinople, accosté en fasce à dextre de la lettre capitale D et à senestre de la lettre capitale L, de même, et une étoile d'azur posée au canton dextre de la pointe.* » (A. G.).

Pierre, sous-lieutenant, 1er février 1706 ; lieutenant, 1er juillet suivant ; capitaine, 21 février 1711 ; guerre de la Succession d'Espagne ; quitta en 1719.

LATTRE DE FEIGNIES (DE). — Lorraine. (R.).

Ecartelé aux 1 et 4, d'or à 2 écussons d'azur, 1 en chef à senestre et 1 en pointe : au franc quartier de gueules chargé d'une étoile d'or : aux 2 et 3 de... à une fasce vivrée de...

Joseph, fils de Roger Florent de L., seigneur de F., enseigne, 28 mai 1762 ; enseigne de grenadiers, 31 janvier 1767 ; sous-lieutenant, 25 août 1767 ; sous-lieutenant de grenadiers, 11 août 1770 ; lieutenant, 6 octobre 1775. Blessé à la descente d'Alger, le 8 juillet 1775 ; agrégé à l'état-major de la place de Barcelone, en décembre 1776. (G.).

LAURETAN (DE). — Artois, originaires du Brabant autrichien. (B.-N., vol. reliés 27. Preuves pour les écoles militaires).

D'or à 3 quintefeuilles d'azur rangées en fasce, coupé d'azur à 3 autres quintefeuilles d'or posés 2 et 1.

Alexandre, chevalier de L., enseigne, 6 juin 1776 ; enseigne de grenadiers, 13 mars 1777 ; quitta en septembre suivant. (G.).

LAUTHIER (DE). — Dauphiné (L. C.).

Jean, enseigne 18 décembre 1719 ; expédition d'Afrique ; sous-lieutenant, 11 juin 1723 ; siège de Gibraltar ; lieutenant, 17 novembre 1732, après la conquête d'Oran où il se distingua ; gouverneur des îles Majorque et Minorque. Lorsque la guerre éclata contre la France, il ne voulut pas servir contre son pays et rentra. Louis XV le nomma chevalier de Saint-Louis. Mort en 1755. (G.).

LAUZIÈRES (DE). — Languedoc. (R.)

D'argent à un buisson d'osiers de sinople.

Charles, enseigne, 17 juin 1793; enseigne de grenadiers, 11 septembre 1794; sous-lieutenant, 31 octobre 1794. Campagne contre la R. F.; lieutenant, 12 août 1802. (G.).

LA VIEFVILLE (DE). — Artois. (G. et R.).

Fascé d'or et d'azur de 8 pièces à 3 annelets de gueules rangés en chef et brochant sur les 2 premières fasces. Cimier : *Une tête de bélier au naturel entre un vol banneret d'or et d'azur.*

1. — Jacques-Eustache, chevalier, puis duc de La V., seigneur de Natoy, Poix, etc., fils puîné de Georges, baron de La V., seigneur de Steenvoorde, Natoy, Poix, etc. et de Marie-Catherine de Ranst, fut lieutenant à la création du régiment. Campagnes de la Succession d'Espagne; grièvement blessé à Gibraltar, en 1705; quitta les G. W. en 1710; passa au service du roi de Naples où il devint capitaine-général des armées, vice-roi de Sicile, chevalier de l'ordre de Saint-Janvier, etc. Mort à Palerme, le 24 juillet 1754, à 68 ans. (G.).

2. — François-Joseph-Germain, baron, puis marquis de La V., frère aîné du précédent, capitaine aux G. W. (Ne figure pas, d'après G., sur les contrôles du régiment). Cf. H. I., reg. I, p. 636. (G.).

LA VILLENEUVE (DE). — Picardie. (R.).

D'or à 3 chevrons de gueules.

Louis, enseigne, 26 juillet 1776; enseigne de

grenadiers, 19 mars 1778 ; sous-lieutenant, 11 janvier 1781 ; mort à Madrid, le 12 janvier 1782. (G.).

Le Boulanger de Montigny. — Paris.

D'azur à la fasce d'or accompagnée de 3 étoiles ou molettes de même en chef et de 3 roses d'argent en pointe, écartelé d'or à 6 losanges de gueules.

Auteur : Pierre Le Boulanger, secrétaire du Roi en 1418. — *Généalogies mss. des familles originaires de Paris* par d'Hozier. B. N. Fr. 32.356, p. 70.

1. — Charles Le B., seigneur de Montigny en Brie (1), enseigne, 7 janvier 1719 ; démissionna peu de temps après. (G.).

2. — Hyacinthe, enseigne, 28 octobre 1728 ; conquête d'Oran ; sous-lieutenant, 13 mai 1734 ; campagne d'Italie ; mort à Madrid en 1736. (G.).

Le Clément de Saint-Marcq. — Artois. (St-Allais et G.).

De gueules à 3 trèfles d'or (2 et 1), au chef d'argent chargé de 3 molettes de sable.

1. — « Philippe-Auguste-Joseph Le C. de St-M., chevalier, seigneur du grand Bus, de Lobel etc. ancien officier aux G. W. d'Espagne, puis lieutenant-général au même service, général en chef, commandant l'armée de Valence de 16,000 hommes pour la défense de Saragosse dont il fut gouverneur à la fin du siège à la place du général Palafox tombé malade, et puis fait capitaine et

(1) B. N. Mss Fr. 32.045, p. 313

gouverneur général du royaume de Galice et chevalier des ordres du Roi, marié à Marguerite (1) de Jorda, dont 3 enfants. » (St-Allais. — Nobiliaire Universel, t. 8, p. 396).

G. indique ainsi ses états de services :

« Fils puîné de Philippe-Alexandre-Joseph Le C. de St-M. et de Marie-Josèphe d'Ostrel : enseigne, 26 juillet 1776, enseigne de grenadiers, 23 novembre 1780 ; sous-lieutenant, 19 janvier 1782 ; sous-lieutenant de grenadiers, 1er juin 1786 : lieutenant, 24 janvier 1788 ; lieutenant de grenadiers, 11 septembre 1794 ; capitaine, 26 février 1795. Campagnes contre la R. F. Lieutenant-général et commandant l'armée de Valence pour la défense de Saragosse dont il devint gouverneur à la fin du siège. Lors de la reddition de cette place, il fut conduit en France prisonnier de guerre et interné à Nancy jusqu'en 1814. Rentré en Espagne, il fut nommé capitaine et gouverneur de la Galice. Il était chevalier grand croix des ordres de Saint-Ferdinand, de Ste-Hermenegilde et de Charles III, membre du Conseil de guerre, etc. Il avait épousé Gabrielle de Jorda.

« La famille Le C. de St-M. appartient à la noblesse de l'Artois et était originaire du Cambrésis. Le père et le grand-père du chevalier de St-M. étaient officiers supérieurs au service de France. »

2. — Marc-Antoine, chevalier de St-M., enseigne, le 11 avril 1764, devint major de la place d'Ayamonte (G.).

(1) Elle est appelée plus loin Gabrielle.

Le Couvreur. — Picardie, originaires des Pays-Bas. — (R. et L. C.).

Ecartelé aux 1 et 4, d'or à 7 mâcles d'azur ; aux 2 et 3, d'or à un sanglier de sable passant dans un buisson de sinople sur une terrasse de même, et sur le tout, d'azur à 3 boucliers d'or, 2 en chef, 1 en pointe.

Nicolas, enseigne, 16 mai 1724 ; quitta en 1726. (G.).

Le Duc de Colomez et de Surville. — Hainaut français. Valenciennes (1) (R.).

D'argent à la bande de gueules chargée d'une épée au naturel. Cimier : *Une chauve-souris.*

1. — Henri François, Le D. de Colomez, enseigne, 11 avril 1764 ; enseigne de grenadiers, 8 septembre 1767 ; sous-lieutenant, 25 juin 1768 ; sous-aide-major, 18 avril 1771. Expédition d'Alger ; lieutenant, mai 1776. Mort à Paris le 18 octobre 1776. (G.).

2. — Joseph-Marie Le D. de Surville, enseigne, 27 janvier 1773 ; descente d'Alger en 1775 ; sous-lieutenant, 13 mai 1775 ; lieutenant, 21 avril 1785. Retraité lieutenant-colonel à Barcelone en 1788. (G.).

Lefebvre de Lattre de Ligny et de la Fresnoye. Lille en Flandre.

De gueules à l'aigle d'or accompagnée de 5 étoiles du

(1) 30 avril 1663. Lettres d'anoblissement données à Madrid pour Jean Charles Le Ducq, seigneur de Calome (*sic*), bailli d'Emblise, natif de Valenciennes. *Vegiano.* (Nobiliaire des Pays-Bas, p. 325.)

même posées 2 en chef, 2 en flancs et une en pointe. (N. H.).

1. — Ferdinand, chevalier de Ligny, enseigne, 5 février 1774 ; sous-lieutenant, 17 juillet 1777 ; sous-lieutenant de grenadiers, 14 novembre 1782 ; lieutenant, 9 octobre 1783. Retraité lieutenant-colonel à Barcelone, le 23 janvier 1786. (G.).

2. — Dominique-Pierre-François, chevalier de Ligny, enseigne, 5 février 1774 : descente d'Alger, 1775 ; sous-lieutenant, 29 mai 1782 ; sous-lieutenant de grenadiers, 7 février 1788 ; lieutenant, 15 mai 1788 ; quitta en octobre 1789. (G.).

Une note du N. H., vol. 131, indique qu'ils vivaient encore à Lille en 1819. — Ils sont ainsi désignés :

Dominique-Ferdinand-Marie L. de L. de Ligny, reçu à Malte en 1775 et commandeur de l'ordre de Saint-Jean de Jérusalem en juin 1817 et Pierre-François L. de L. d'Hailly, reçu à Malte en 1775, tous deux ayant servi aux Gardes Wallones avec grade de lieutenant-colonel.

Le Mire de Quievry. Artois. (R.).

D'azur à 3 besans d'argent. Cri : *Quievy !* (sic).

Joseph-Gisbère, sous-lieutenant, 12 mai 1720 ; sous-aide-major, 1er décembre 1728 : siège de Gibraltar ; aide-major, 3 novembre 1733 : campagne d'Italie : capitaine, 8 juin 1743 ; capitaine de grenadiers, 5 janvier 1760, avec rang de maréchal de camp : quitta en 1761 et fut fait gouverneur de Tortose quelque temps après. (G.).

LENS DE RECOURT DE LICQUES (DE) — Artois (G. et R.).

Ecartelé aux 1 et 4, écartelé d'or et de sable (Lens) ; *aux 2 et 3, de gueules à 3 bandes de vair et au chef d'or* (Recourt) ; *et sur le tout d'argent à la croix engrêlée d'azur* (Witthem).

1. — François de L., chevalier de R. de L., enseigne, 26 juin 1794 ; sous-lieutenant, 12 avril 1798. (G.).

2. — Jean, enseigne, 11 septembre 1794. (G.).

LE PREVOST. — Flandre française. (G.).

D'azur au lion d'or armé et lampassé de gueules. (Saint-Allais).

Charles Le P. de Basserode, enseigne, 2 octobre 1730 ; enseigne de grenadiers, 16 octobre 1731 ; conquête d'Alger ; sous-lieutenant, 7 août 1733 ; bataille de Bitonto ; sous-lieutenant de grenadiers, 15 juin 1736 ; lieutenant, 25 août 1737. Campagne d'Italie : affaires de Campo-Santo, Velletri, Plaisance, Tidone. Lieutenant de grenadiers, 13 août 1746 ; capitaine, 3 août 1750, avec rang de brigadier. Campagne de Portugal ; gouverneur d'Oran en 1767. (G.).

Cf. Saint-Allais, t. X, p. 87.

Eustache-Ignace Le P. de B., écuyer, s[r] de Haulieu, était échevin à Lille en 1719. (P. O. 2030, Dossier Monmonier.

LE RICQUE. — Artois et Picardie.

« Procope Le Ricque, écuyer, seigneur d'Allenes, porte :

« *D'argent à un pal de gueules chargé d'une molette d'or.* » (A. G. Picardie. Béthune).

R. indique : *D'argent au chevron de gueules chargé de 3 roses du champ.*

1. — Eugène-François, enseigne, 14 septembre 1765 ; sous-lieutenant, 8 février 1769 ; lieutenant en 1772 ; descente d'Alger en 1775 ; agrégé à Barcelone en 1777. (G.).

2. — Laurent Le R. d'A., enseigne, 4 novembre 1738 ; campagne d'Italie ; sous-lieutenant, 8 juin 1743 ; lieutenant, 3 août 1746 ; lieutenant de grenadiers, 9 février 1760 ; capitaine, 23 avril 1762 ; campagne de Portugal ; maréchal de camp, 3 janvier 1783. Mort à Madrid, 9 novembre 1784. (G.).

3. — Augustin Le R. de Violaines, enseigne, 14 mai 1767 ; enseigne de grenadiers, 27 octobre 1770 ; sous-lieutenant, 27 avril 1771 ; descente d'Alger en 1775 ; lieutenant, 19 décembre 1776 ; retraité lieutenant-colonel en 1777. (G.).

LE ROY DE LA MOTTE. — Français (I. N.).

Alexandre, lieutenant à la création du régiment ; capitaine, 1er février 1706 ; fut fait lieutenant de roi à Barcelone. (G.).

LESPAGNOL. — Lille en Flandre et Picardie. (R.).

D'azur à une fasce d'argent. (Flandre).

D'azur à une fasce d'or accompagnée de 2 têtes de chien d'argent en chef et d'une tour du même en pointe. (Picardie).

Alexandre-Louis, enseigne, 20 décembre 1785 ; enseigne de grenadiers, 5 novembre 1789 ; sous-lieutenant, 28 juin 1791 ; lieutenant, 30 octobre 1794. Campagnes contre la R. F. (G.).

* Lestorel (de). — André L., écuyer, demeurant à Paris en 1675. — P. O. 1701 (quittance).

Félix, enseigne, 1er janvier 1707 ; enseigne de grenadiers, 13 juillet 1708 ; sous-lieutenant, 1er septembre 1709 ; sous-lieutenant de grenadiers, 1er février 1711. Guerre de la succession d'Espagne. Tué au pied du Montjouy en 1713. (G.).

Le Vaillant. — Bourgogne et Flandre Française. (L. C.).

De gueules au soleil d'or.

1. — Joseph-Alexandre-André Le V., né le 10 mai 1716, fils de Jean-François-André Le V., chevalier, seigneur de Jollain, Mairlain et du Châtelet, capitaine dans les gardes à cheval de Philippe V, mort en 1758, et de Marie-Monique de Châtillon ; enseigne, 6 août 1737 ; enseigne de grenadiers, 10 octobre 1741 ; sous-lieutenant, 8 juin 1743. Quitta en 1745 et épousa l'année suivante Marie-Josèphe-Vidastine du Pire. (G.).

2. — Auguste-François-Joseph Le V. de Beaumont, frère du précédent, né le 12 décembre 1717, enseigne, 17 août 1737 ; sous-lieutenant, 8 juin 1743 ; sous-aide-major, 10 avril 1746. Campagne d'Italie : affaires de Campo-Santo, Velletri etc. Tué à la bataille de Plaisance en 1746. (G.).

3. — Auguste-Guillaume-Joseph, fils de Joseph-

Alexandre-André, mentionné plus haut, né le 24 décembre 1750 ; enseigne, vers 1785 ; sous-lieutenant, 18 mars 1790 ; lieutenant, août 1791. Campagnes contre la R. F. (G.).

4. — Auguste-Marie-François-Joseph, frère puîné du précédent, né le 22 juin 1751 ; enseigne, 21 mai 1768. (G.).

5. — Auguste-Joseph Le V. de Jollain, frère du précédent, né le 12 mars 1764 ; enseigne 19 août 1785 ; enseigne de grenadiers, 28 mai 1789, sous-lieutenant, 18 mars 1790 ; sous-lieutenant de grenadiers, 11 septembre 1794 ; lieutenant, 30 octobre 1794 ; mort en novembre 1857, âgé de 94 ans, ayant épousé en 1805 Adelaïde-Josèphe-Marie de Formanoir de la Cazerie. (G.).

6. — Charles-Ferdinand-Joseph, né le 15 août 1748, frère du précédent, enseigne, 12 juillet 1787 ; sous-lieutenant, 31 janvier 1793 ; sous-lieutenant de grenadiers, 30 octobre 1794 ; lieutenant, 5 août 1795 ; mort le 5 août 1836. Campagnes contre la R. F. Avait épousé Françoise-Suzanne-Caroline-Joséphine de Sars. (G.).

7. — François-Joseph Le V., chevalier de Jollain, enseigne, 24 novembre 1770 ; descente d'Alger ; sous-lieutenant, 7 juillet 1775 ; sous-aide-major, 19 janvier 1782 ; siège de Gilbraltar ; lieutenant, 13 juillet 1782, avec rang de colonel ; aide-major, 29 septembre 1786 ; retraite en Flandre 1791. (G.).

8. — Augustin-François Le V., chevalier de Jollain, enseigne 13 juin 1771 ; sous-lieutenant, 2 mai

1778 : descente d'Alger : sous-lieutenant de grenadiers, 6 octobre 1780 ; lieutenant, 23 mai 1782, avec rang de colonel ; lieutenant de grenadiers, 5 juillet 1791 ; aide-major, 28 novembre 1791 ; capitaine, 6 juin 1793. Campagnes contre la R. F. Prisonnier en 1794. (G.).

9. — Guillaume Le V., chevalier du Châtelet, enseigne, 2 novembre 1775 ; sous-lieutenant de grenadiers, 23 octobre 1783 : lieutenant, 24 février 1785 ; se retira du service le 23 avril 1792 et retourna en Flandre. (G.).

10. — 16 Juin 1789. Admission dans la maison de Sainte-Anne de Lille, dite de la Noble Famille, de Marie Alexandrine-Josèphe, fille d'Alexandre-François-André-Joseph Le Vaillant du Châtelet, né en 1747, officier au *Royal Suédois*, fils de Joseph-Alexandre-André Le V., seigneur de Merlain et Jollain, ancien officier aux Gardes Wallonnes et veuf de Marie-Catherine Agnès de Brandt. (Archives hospitalières de Lille XXIV F. 6, et t. XII du *Bulletin de la Commission historique du Nord.*)

M. Le Vaillant, seigneur du Châtelet, vota en 1789 avec les nobles de Flandre. (L. B. *Flandre*, p. 25.)

Lignières (de). — Picardie, Cambrésis, Artois, Ponthieu. (R. et L. C.). Familles différentes.

François, enseigne, 13 juillet 1735 ; enseigne de grenadiers, 25 août 1737 ; mort à Walls en 1741. (G.).

LIOT (DE). — Flandre française. (Une fille reçue à la Noble Famille.

D'argent à 3 quintefeuilles d'azur, à 2 haches adossées d'argent emmanchées d'or. Cimier : *Une hache pareille à celle de l'écu.* (Une branche dans le Tournaisis).

1. — Dominique, enseigne, 3 novembre 1728 ; conquête d'Oran ; enseigne de grenadiers, 7 août 1733 ; sous-lieutenant, 23 novembre 1733 ; campagne d'Italie ; bataille de Bitonto ; sous-lieutenant de grenadiers, 5 mars 1738 ; sous-aide-major, 30 juin 1738 ; aide-major, 8 juin 1743. Mort à Florence en 1745. (G.).

2. — Mathias de L. Descampeaux, sous-lieutenant, 19 janvier 1713 ; sous-lieutenant de grenadiers, 1er décembre 1717 ; siège de Barcelone et expédition de Sardaigne ; lieutenant, 11 mai 1719 ; siège de Gibraltar ; lieutenant de grenadiers, 1er janvier 1728 ; conquête d'Oran ; capitaine, 23 novembre 1733 ; campagne de la 2e guerre d'Italie ; tué à la bataille de Campo-Santo en 1743. (G.).

LONGVILLIERS (DE). — Artois.

De sinople à 3 fasces d'or ; alias : *D'or à la croix ancrée de gueules.* (P. de Courcy).

Laurent, enseigne, 7 mai 1778 ; enseigne de grenadiers, 23 mai 1783 ; sous-lieutenant le même jour ; sous-lieutenant de grenadiers, 5 juin 1788 ; lieutenant, 16 avril 1789 ; lieutenant de grenadiers, 30 octobre 1794 ; campagnes contre la R. F. ; capitaine, 2 mars 1800. (G.).

MAILLY-CLINCHANT (DE). — Bourgogne (D. B.).

De gueules à 3 maillets d'or (2 et 1).

François, enseigne, 1er juin 1711 ; sous-lieutenant, 1er août 1715. Quitta peu après. (G.).

Claude de M., marquis de Clinchamps, fils d'un gentilhomme ordinaire de la Chambre du Roi en 1623, fut conseiller au conseil de guerre de Philippe IV, général de son artillerie dans les Pays-Bas, colonel de cavalerie, gouverneur et bailli des Vosges en Lorraine. Il mourut sans enfants en 1653. (D. B. 416).

MAILLY-FROUVILLE (1) (DE). — Touraine (P. O. 1801).

D'azur à 3 maillets d'or, 2 et 1.

François, sous-lieutenant à la création du régiment ; lieutenant, 3 juillet de l'année suivante (1704) ; capitaine, 18 février 1711 ; tué à l'assaut de Barcelone en 1714. (G.).

MAISIÈRES (DES). — Hainaut français (Valenciennes). (L. C.).

D'argent au lion de sable armé et lampassé de gueules, couronné d'or.

1. — Jacques, fils de Jean-François-Antoine et de Marie-Cécile-Agnès de Hennin-Wambrechies ; enseigne, 8 juin 1743 ; enseigne de grenadiers, 7 avril 1745. Batailles de Campo-Santo, Velletri ; tué à la bataille de Plaisance, en 1746. (G.).

2. — Albert-Antoine, son frère, enseigne, 8

(1) G. l'appelle Farville

juin 1743 ; sous-lieutenant, 8 août 1746 ; campagne d'Italie ; sous-lieutenant de grenadiers, 24 octobre 1751 ; lieutenant, 1er février 1744. Expédition de Portugal ; capitaine, 27 février 1768. Quitta en 1775 ; mort à Barcelone, en 1785, étant colonel agrégé de l'état-major de la Place. (G.).

3. — Arnould-Michel-Joseph, frère du précédent, né le 30 mars 1733, enseigne, 3 mars 1747 ; enseigne de grenadiers, 21 août 1751 ; sous-lieutenant, 22 octobre 1754 ; sous-lieutenant de grenadiers, 28 mai 1862. Expédition de Portugal. Lieutenant vers 1764 ; lieutenant de grenadiers, 8 août 1774 ; descente d'Alger, en 1775 ; capitaine, 4 janvier 1776 ; brigadier, 3 janvier 1783. Obtint en 1789 le gouvernement de Thuy en Galice.

4. — Michel, fils du précédent, enseigne, 13 janvier 1794 ; enseigne de grenadiers, 30 octobre 1794 ; sous-lieutenant, 3 février 1795. Campagne contre la R. F. ; passa dans une compagnie de grenadiers. (G.).

5. — François-Paulin-Charles, enseigne, 13 mars 1777 ; enseigne de grenadiers, 11 janvier 1781 ; sous-lieutenant, 22 février 1782 ; sous-lieutenant de grenadiers, 7 décembre 1786 ; lieutenant, 27 mars 1788. Démissionna le 24 septembre 1789 pour se marier. (G.).

6. — Rosindo, enseigne, 7 mai 1778 ; enseigne de grenadiers, 23 mai 1782 ; sous-lieutenant, 14 novembre 1782 ; sous-lieutenant de grenadiers, 10 avril 1788 ; lieutenant, 22 août 1788. Agrégé lieutenant-colonel à la place de Barcelone, en 1791 (G.).

7. — Antoine, enseigne, 2 octobre 1800. (G.).

Jacques-Léonard-Louis-Joseph des Maisières épousa à Valenciennes, en 1713, Marie-Louise-Josèphe de Rasoir dont il eut, entre autres enfants: Jean-Jacques-Joseph-Marie, officier aux G. W., tué en 1746 à la bataille de Plaisance; Albert-Antoine-Joseph, capitaine aux G. W. avec brevet de colonel, marié en 1765 avec Gertrude de Tord, morte à Barcelone; Emmanuel-Michel-Joseph, capitaine aux G. W., marié à 1776 à Madrid, à Marie-Antoinette de Floret de Péon et Joseph-Albert, exempt des gardes du corps du roi d'Espagne, qui épousa Marie-Françoise-Cécile-Agnès des Maisières, remariée à M. Duhot, seigneur de la Caulerie, capitaine aux G. W.

(Branche non citée par G. — Cf. L. C.).

MAISTRE DE BAY. — Franche-Comté (Salins). (L. C.).

Écartelé aux 1 et 4 d'azur à une colombe essorant d'argent, becquée et membrée de gueules, aux 2 et 3 de gueules à un griffon contourné d'or, armé et lampassé de sable.

1. — N., sous-lieutenant à la création du régiment; lieutenant, 30 novembre 1704; sous-aide-major, 1er septembre 1709; capitaine, 1er février 1713, avec rang de brigadier. Gouverneur de Saint-Philippe; guerre de la succession d'Espagne. (G.).

2. — Philippe, enseigne, 1er janvier 1713; sous-lieutenant, 6 octobre 1717; expédition de Sicile

en 1717 ; mort à Villa-Franca, en Sardaigne, en 1719. (G.).

3. — Jean-Baptiste, enseigne, 11 avril 1716, sous-lieutenant en 1719. (G.).

MALLERET DE (1). — Auvergne.

D'or au lion de gueules. (R. — Cf. H. I., reg. III, p. 272.)

Charles-Marie, chevalier de M., enseigne, 19 août 1785 ; enseigne de grenadiers, 8 octobre 1789 ; sous-lieutenant, 29 avril 1790 ; sous-lieutenant de grenadiers, 11 septembre 1794 ; lieutenant, 30 octobre 1794 ; campagnes contre la R. F. (G.).

MALLET DE COUPIGNY. — Artois.

D'azur à un écusson d'or en abîme (Coupigny) ; *au chef de gueules, chargé de 3 fermeaux d'or, 2 et 1,* (Mallet). (R.).

1. — Alexandre-Joseph M. de C. de la Burgue, dit « le chevalier de Coupigny », né en 1736, fils puîné de Charles-François-Joseph M., chevalier, comte de C., seigneur de la Burgue, Nourœil, Louverval, etc. et de Françoise-Florence de Briois — enseigne, 29 mai 1756 ; enseigne de grenadiers, 12 février 1762 ; campagne de Portugal ; sous-lieutenant, 15 septembre 1762 ; sous-aide-major, 8 septembre 1764 ; aide-major, 25 juin 1768 ; descente d'Alger ; capitaine, 6 juin 1782 ; capitaine de grenadiers, 11 septembre 1794 ; campagnes

(1) Alias *Mallerey*.

contre la R. F. ; mort en 1728 ; avait épousé Dorothée Mac Donnel. (G.).

2. — Léon-Ernest, fils puiné de Charles-Maximilien M. de C., comte d'Henu, seigneur de Varlincourt, député de la noblesse aux Etats d'Artois et de Marie-Françoise d'Héricourt ; enseigne, 7 novembre 1767 ; enseigne de grenadiers, 27 octobre 1770 ; sous-lieutenant, 21 décembre 1771 ; sous-lieutenant de grenadiers, 26 juin 1777 ; quitta le 19 mai 1780. (G.).

3. — Albert-Joseph, né le 5 septembre 1763, fils de Constant-Marie-Hyacinthe-Joseph, comte de C., seigneur de La Burgue, Nourœil et Louverval, mort au château de Louverval, près de Bapaume en Artois, le 4 novembre 1804, et de Marie-Maximilienne-Henriette de Preudhomme d'Ailly ; enseigne, 26 juin 1776 ; sous-lieutenant, 29 septembre 1780 ; sous-lieutenant de grenadiers, 7 juillet 1785 ; lieutenant, 4 janvier 1787 ; lieutenant de grenadiers, 11 septembre 1794 ; capitaine, 19 mars 1795. Campagnes contre la R. F. Mort à Surinam en 1795. (G.).

4. — Antoine-Joseph, né le 23 mai 1765 ; frère du précédent ; enseigne, 29 septembre 1780 ; enseigne de grenadiers, 11 avril 1783 ; sous-lieutenant, 5 mai 1785 ; lieutenant, 29 septembre 1791 ; campagne contre la R. F. ; capitaine, 1er mai 1800. Mort en 1808 à Masaro dont il était gouverneur. Avait épousé en 1801 sa cousine germaine Clémentine-Françoise-de-Sales M. de C. morte à Paris le 29 avril 1842. (G.).

5. François-Joseph M., comte de C., né à Cambrai le 17 juin 1771, frère du précédent, entra aux G. W. en 1787 ; enseigne, 1er août 1788 ; sous-lieutenant, 4 juillet 1793 ; sous-lieutenant de grenadiers, 30 octobre 1774 ; campagnes contre la R. F. ; lieutenant, 13 juin 1796. Epousa à Cambrai en 1824 Ambroisine-Eulalie Le Gaucher du Broutel. (G.).

6. — Charles-Renaud-Louis, comte de C., fils d'Alexandre-Joseph, cité plus haut et de Dorothée Mac Donell. Enseigne, 23 mai 1782 ; sous-lieutenant, 2 novembre 1786 ; lieutenant, 3 janvier 1794. Campagnes contre la R. F. Capitaine, 4 novembre 1802. Gouverneur de Tarragone et général des armées d'Espagne. Au retour de Ferdinant VII, commanda un bataillon de G. W. Mort en 1830. Avait épousé Marie-Louise de Courten. (G.).

7. — Charles-Valentin-Hubert, baron, puis marquis de C., fils d'Amable-Marie-François-Hubert, baron de C., ancien officier de marine, guillotiné en 1793, et de Valentine-Charlotte du Caricul ; enseigne, 23 octobre 1788 ; enseigne de grenadiers, 11 septembre 1794 ; sous-lieutenant, 30 octobre de la même année. Campagnes contre la R. F. ; lieutenant, 12 octobre 1801, puis capitaine. Passa dans l'armée française, devint maréchal de camp et député. Epousa en 1828 Caroline de Petitpas. (G.).

8. — Valentin, comte de C., enseigne en 1792, quitta en 1793. (G.).

9. — Constantin, enseigne le 4 novembre 1802. (G.).

10. — Albert-Antoine, marquis de C. de Ligne-reuil, né en 1759, fils de François, marquis de C., seigneur de Noyelles, officier de marine; enseigne, 26 juillet 1776; enseigne de grenadiers, 11 avril 1780; sous-lieutenant, 19 janvier 1782; sous-lieutenant de grenadiers, 15 juin 1786; lieutenant, 7 février 1788. Campagnes contre la R. F. Capitaine, 5 août 1795, puis capitaine-général des îles Baléares, lieutenant-général et lieutenant-colonel du régiment, passa au service du roi Joseph et fut fait général en chef de l'armée qui défendit Cadix en 1810 et 1812. (G.).

11. — Joseph, comte de C. de Moreuil, enseigne, 1er août 1788; enseigne de grenadiers, 12 mars 1792; sous-lieutenant, 3 janvier 1794; campagnes contre la R. F. (G.).

Mallet de Roquefort. — Limousin, Périgord, Angoumois, Saintonge, Guyenne. (Branche de la famille précédente).

Écartelé aux 1 et 4 de gueules à 3 fermaux d'or (Mallet); *aux 2 et 3, de gueules à la levrette courante d'argent, au chef cousu d'azur chargé de 3 étoiles d'or.* (C., suppl. p. 187.)

Victor Louis M. de R., chevalier de la Borie (1), enseigne, 23 avril 1762; enseigne de grenadiers, 21 mars 1764; sous-lieutenant, 18 juillet 1767.

(1) *Alias* la Horie.

Obtint en 1768 le commandement d'une compagnie d'invalides formée à Denia. (La Borie, paroisse de Suillac dans le Bas-Limousin ; la branche de Mallet-Roquefort a possédé cette seigneurie jusqu'à la Révolution. — G.).

MALOTEAU. — Flandre française.

De gueules à 3 décrottoirs d'or. (R.).

1. — Henri-Joseph-Ferdinand, enseigne, 7 novembre 1767 ; sous-lieutenant, 10 avril 1773 ; se retira le 25 novembre 1776. (G.).

2. — Ferdinand-Joseph M. de Pont, enseigne, 1er septembre 1775 ; enseigne de grenadiers, 13 mars 1777 ; sous-lieutenant, 5 février 1778 ; sous-lieutenant de grenadiers, 17 juillet 1783 ; lieutenant, 25 novembre 1784 ; lieutenant de grenadiers, 6 mars 1794 ; capitaine, 19 mars 1795. Se retira le 19 avril 1795 avec rang de brigadier. (G.).

3. — Ildephonse (1), enseigne, 25 février 1779 ; retraité en 1782. (G.).

MARETS DE SAUCOURT (DES). — Cambrai.

« Daniel des Marets, seigneur de Saucourt et autres lieux, conseiller du Roy et trésorier héréditaire de la ville de Cambray, porte : *D'azur au chevron d'or accompagné en chef de 2 pigeons de même et en pointe d'un croissant d'argent.* » (A. G. *Flandre*, p. 281.)

(1) Ildefonse-Joseph M., chevalier, seigneur de Beaumont, grand bailli d'épée au bailliage royal de Flandre en 1789.
François-Alexandre-Auguste M. du Pont, écuyer. (L. B. *Flandre*.)

1. — Bauduin, aide-major à la création du régiment : capitaine, 1er avril 1715 ; gouverneur de Denia en 1717. (G.).

2. — Louis, enseigne, 11 avril 1735 ; sous-lieutenant, 16 octobre 1741 ; lieutenant, 3 novembre 1745, campagne d'Italie, quitta en 1748. (G.).

Maubaige. — Flandre française.

D'argent au chevron de sable, accompagné de 3 roses de gueules feuillées de sinople.

François-Joseph, enseigne, 11 janvier 1781 ; siège de Gibraltar ; sous-lieutenant, 13 mai 1785 ; mort en Flandre en janvier 1791. (G.).

Christophe-Athanase-Joseph-Philémon de M., chevalier, fut reçu, le 27 janvier 1781 trésorier de France à Lille ; se démit le 19 mars 1783 ; était marié. (Cf. *Notes historiques relatives aux offices et officiers du bureau des finances de la généralité de Lille* par le baron de Chambge de Liessart, Lille, 1855.)

Menche. — Artois et Picardie originaires d'Allemagne.

D'azur au chevron, accompagné en chef de 2 étoiles et en pointe d'un croissant, le tout d'or. (R.).

1. — Charles-Louis de M. de Loisne, enseigne, 6 août 1784 ; enseigne de grenadiers, 1er mai 1788 ; sous-lieutenant, 1er janvier 1789 ; campagnes contre la R. F. ; sous-lieutenant de grenadiers, 8 juillet 1794 ; lieutenant, 11 septembre 1794 ; aide-major, 3 août 1795. (G.).

2. — Henri de M. de L., enseigne, 18 août 1786

enseigne de grenadiers, 3 décembre 1789 ; sous-lieutenant, 12 septembre 1791 ; sous-aide-major, 28 novembre 1791 ; lieutenant, 30 octobre 1794.

3. — Constant-Auguste, marquis de M. de L., enseigne, 12 juillet 1787 ; sous-lieutenant, 24 septembre 1792 ; quitta en 1794.

4. — François-Eugène de M. du Vermeil, enseigne, 15 juin 1760 ; campagne de Portugal ; sous-lieutenant, 20 juillet 1765 ; sous-lieutenant de grenadiers, 8 décembre 1770 ; lieutenant, 1er août 1772 ; descente d'Alger en 1775 ; lieutenant de grenadiers, 2 août 1782 ; capitaine, 2 mars 1786. Fait prisonnier par les Français en 1794. Obtint en 1795 le gouvernement de Talarn. (G.).

5. — François de M. du V., enseigne, 13 septembre 1791 ; enseigne de grenadiers, 15 mai 1794 ; sous-lieutenant, 11 septembre 1791 ; campagnes contre la R. F. ; lieutenant, 9 juin 1800 ; capitaine en 1804. Tué à la bataille de Medellin, le 28 mars 1809. (G.).

MERLIN D'ESTREUX. — Flandre française.

D'azur à 3 haches d'or. (R.).

Pierre, enseigne, 6 août 1784 ; sous-lieutenant, 14 mai 1789 ; sous-lieutenant de grenadiers, 11 septembre 1794 ; lieutenant, 30 octobre 1794 ; campagnes contre la R. F. (G.).

(Louis-François M. d'E., baron de Maingoval, mourut à Valenciennes, le 22 décembre 1824. Cf. *La Chancellerie d'Artois*, p. 291, par A. de Ternas.)

MESPLEZ (DE). — Béarn. (G.).

D'or à 3 tourteaux de gueules chargé chacun d'un croissant d'argent (R. — Cf. L. C. t. II p. 102.)

Louis d'Esquiulle, baron de Mesplez, enseigne, 15 février 1715 ; expédition de Sardaigne ; sous-lieutenant, 26 avril 1718 ; quitta en 1719. (G.).

MEYRAN (DE). — Provence.

Palé contre palé d'argent et d'azur de 5 pièces, à la fasce d'or brochant sur le tout. (R.).

Jean-Baptiste-Valentin, baron de Mairan ou Meyran-Delaune, enseigne, 14 mai 1767 ; sous-lieutenant, 22 décembre 1771 ; descente d'Alger en 1775 ; lieutenant, 19 février 1782 ; sous-aide-major, 13 mai 1777 ; lieutenant, 30 avril 1778 ; aide-major, 22 février 1782 ; rang de colonel en 1783 ; retraité en octobre 1787. (G.).

MONS (DE). — Picardie (G. et R.) ou Languedoc (L. C.).

D'azur au chevron d'or accompagné en chef de 2 molettes d'éperon et en pointe d'une rose de même. (Picardie).

D'azur à 3 monts d'or (2 et 1). (Languedoc).

André, lieutenant à la création du régiment, se retira peu après. (G.).

(*André*-Louis-Joseph de Mons de Mazin, écuyer, capitaine aide-major de Dunkerque en 1710, marié à Grâce-Angélique d'Ouglebert de Waure. (L. C.). — Donation du 21 janvier 1735 par Marie de Fontaine, veuve d'Alexandre de Monts, chevalier de Saint-Louis, commandant le régiment de *Saint-Second*, demeurant à Valenciennes, à André-Louis-Joseph de Monts, écuyer, capitaine dans la brigade des officiers détachés du régiment *Royal-Italien* et à Alexandre de Monts, écuyer, chevalier de Saint-Louis, lieutenant dans le régiment de la *Suze-Dragons*. (C. H. 440. — Cette famille était originaire de Béziers.)

MONSSURES DE FLEUSY. — Picardie.

De sable à la croix d'argent chargée de 5 fermeaux de gueules. (R.).

Louis, lieutenant, 20 septembre 1719 ; expédition d'Afrique ; siège de Gibraltar, conquête d'Oran ; lieutenant de grenadiers, 7 avril 1733, avec rang de colonel ; mort à Barcelone la même année. (G.).

(Cf. Généalogie Monssures de Fleusy, *Cab. d'H.*, vol. 24.)

MONTEIL (DE). — Auvergne, Forez, Languedoc. (R.). Familles différentes.

Maurice, enseigne, 12 avril 1800. (G.).

MONTMORENCY-ROBECQ (DE). — Lille en Flandre.

D'or à la croix de gueules cantonnée de 16 alérions d'azur, brisé de 3 besans d'argent sur la croix. (R.).

Charles de M., prince de Robecq, créé grand d'Espagne de 1re classe le 13 avril 1713, fils de

Philippe-Marie de M., marquis de Robecq, successivement général au service de l'Espagne et de la France, mort à l'armée de Savoie en 1681, et de Marie-Philippine de Croy-Solre, fut colonel d'un régiment de son nom, brigadier, puis maréchal de camp au service de la France. Nommé colonel du régiment des G. W. le 1er octobre 1716, il mourut à Madrid le 30 du même mois. Il avait épousé, le 12 janvier 1714, sa cousine Isabelle-Alexandrine de Croy. (G.).

MORLIN (DE). — Alsace.

« Jean-Daniel Morlin de Dalent, chevalier, sieur de Framberg : *D'argent à un more de sable tenant en sa main dextre une épée d'or et un chef parti au 1er de gueules à une croix d'argent et au 2e d'or à une tour d'azur.* » (A. G. Alsace, p. 530.)

Mathieu, sous-lieutenant, 11 juin 1723 ; siège de Gibraltar, conquête d'Oran. Agrégé à l'état-major de Barcelone en 1733. (G.).

MOULLART DE TORCY. — Artois, Picardie.

D'or au lion de vair armé et lampassé de gueules. (R.).

1. — Charles M., baron de T., capitaine à la création du régiment, avec rang de brigadier ; campagne de la succession d'Espagne ; bataille d'Almanza, Saragosse, Villa-Viciosa ; tué à l'attaque du bastion des Capucins à Barcelone en 1713. (G.).

2. — Paul, sous-lieutenant, 10 février 1712, siège de Barcelone ; sous-lieutenant de grenadiers,

11 mai 1715 ; expedition de Sardaigne ; lieutenant, 3 novembre 1717 ; quitta en 1719.

3. — Pierre, chevalier de T., né le 6 février 1772, fils de Simon Joseph, baron de T. et de Madeleine de Bresdoul ; enseigne, 23 janvier 1790 : enseigne de grenadiers, 12 mars 1794 ; sous-lieutenant, 11 septembre 1794. Campagnes contre la R. F. ; lieutenant, 3 juin 1800. (G.).

MOY (DE). — Picardie. (G.).

De gueules fretté d'or de 6 pièces. (L. C.).

1. — Joseph-Charles, comte de M., enseigne, 2 août 1782 ; sous-lieutenant, 17 août 1787 ; lieutenant, 5 juin 1793 ; campagnes contre la R. F. Devint capitaine, avec rang de brigadier, pendant la guerre de l'Indépendance et commanda un des bataillons du régiment après le retour de Ferdinand VII.

2. — Louis, marquis de M., enseigne, 2 août 1782 ; enseigne de grenadiers, 4 janvier 1787 ; sous-lieutenant, 27 décembre 1787 ; sous-lieutenant de grenadiers, 30 septembre 1793 ; lieutenant, 11 septembre 1794 ; campagne contre la R. F. Retraité à Barcelone en 1798. (G.).

3. — Louis-Antoine, chevalier de M., enseigne, 1er août 1788 ; sous-lieutenant, 25 décembre 1793 ; sous-lieutenant de grenadiers, 30 octobre 1794 ; campagne contre la R. F. ; lieutenant, 5 mars 1798 ; capitaine, 1807. Tué à la bataille de Medellin le 28 mars 1809. (G.).

4. — Louis, commanda un détachement de G. W., le 7 juillet 1822, jour du massacre: cité par G., sans figurer sur sa liste.

OBERT (D'). — Lille en Flandre (G.).

D'azur au chevron d'or accompagné de 3 chandeliers de même. Devise : *Pro lumine virtus.* (Poplimont).

1. — Antoine-Philippe, chevalier d'O., enseigne, 15 septembre 1786; enseigne de grenadiers, 13 mai 1790; sous-lieutenant, 12 janvier 1792; campagne contre la R. F.; lieutenant, 5 février 1795. Retraité en 1798. (G.).

2. — Louis-Barthélemy, chevalier d'O. de la Mousserie, enseigne, 12 février 1789; enseigne de grenadiers, 29 avril 1793: sous-lieutenant, 23 janvier 1794. Passa aux grenadiers, obtint sa retraite et se retira à Lille, en 1796, après les campagnes contre la R. F. (G.).

*OLIVIER. — Originaires de Gascogne, maintenus en Picardie, le 7 janvier 1708. Branches en Artois, Boulonnois, Pays conquis et reconquis.

D'argent à la croix de gueules accompagnée de 4 branches d'olivier de sinople. (R.).

1. — Pierre d'O., sous-lieutenant, 13 décembre 1704; lieutenant, 2 mai 1706; colonel d'un régiment espagnol en 1708. (G.).

2. — Bernard-Joseph, enseigne, 3 octobre 1717; mort peu de temps après dans l'expédition de Sicile. (G.).

'OMAR *alias* OMAER. — Dunkerque.

« Jacques Omaer, ancien bourgmestre de Dunkerque porte : *D'argent à une croix de vair* ». (A.G.).

Joseph, enseigne en 1793, quitta en décembre de la même année. (G.).

PAMMARD DE CAUFOUR *alias* PAMART D'ESCAUFOURT. — Artois. (R.).

D'azur au chevron d'or accompagné de 3 gerbes du même. Alias : *D'azur au chevron d'argent accompagné en chef de deux grenades d'or tigées et feuillées du même, ouvertes de gueules, et en pointe d'un cor de chasse lié de gueules.*

Alexis, enseigne, 26 février 1768 ; sous-lieutenant, 16 février 1775, descente d'Alger en 1775 ; passa aux grenadiers, le 8 juin 1778 ; lieutenant, 22 février 1782 ; siège de Gibraltar ; lieutenant de grenadiers, 11 mars 1790 avec rang de colonel ; capitaine, 22 avril 1795. (G.).

(Bailliage de Cambray, assemblée du 14 juillet 1789 : M. Pamart d'Escaufourt. — L. B.)

PASQUIER (DE). — Lorraine et Picardie. (R.). Familles différentes.

Louis, enseigne, 14 décembre 1717, mort en 1719 pendant l'expédition de Sicile. (G.).

PATRAS DE CAMPAIGNO (DE). — Boulonnois.

De gueules à une croix d'argent. (Preuves des pages de la petite Écurie en 1743. B. N.)

1. — Alexandre, comte de P. de C., enseigne, 13 mars 1777 ; enseigne de grenadiers, 28 janvier 1779 ; sous-lieutenant, 23 mai, 1782 ; sous-lieutenant de grenadiers, 15 février 1787 ; lieutenant, 15 mai 1788 ; lieutenant de grenadiers, 30 octobre 1794 ; capitaine, 15 janvier 1798. Campagnes contre la R. F. (G.).

2. — Claude-Elisabeth-Gabriel P. de C., lieutenant aux G. W., figure au rôle des nobles de la sénéchaussée de Boulonnais, le 16 mars 1789 (L. B. — *Picardie*, p. 21.) — Non cité par G.

PERROT DE FERCOURT. — Ile de France.

D'azur à 2 croissants renversés d'argent, au chef d'argent chargé de 3 aigles à 2 têtes éployées de sable. (L.-C.)

Emile P., marquis de F., enseigne, 3 mars 1747 enseigne de grenadiers, 14 août 1751 ; sous-lieutenant, 7 septembre 1754 ; sous-lieutenant de grenadiers, 28 mai 1762 ; campagne de Portugal ; lieutenant, 22 novembre 1762 ; lieutenant de grenadiers, 9 juillet 1772 ; capitaine, 4 janvier 1776 mort le 19 octobre 1782, au camp de Saint-Roch (G.).

(François-Henri P., marquis de F., capitaine de cavalerie, épousa le 19 décembre 1721, Léonore de Créquy.)

PETITPAS. — Lille en Flandre. (R.).

Fascé de sable et d'argent de 7 pièces. (A. G.).

Charles-Hyppolyte P., chevalier, seigneur de Walle et Wey, fils de Jean-Antoine P., seigneu de Belleghem et de Walle, et d'Isabelle Stapaert ; enseigne, 1er décembre 1723 ; siège de Gibraltar ; enseigne de grenadiers, 14 février 1730 ; quitta en 1731. (G.).

PINGUARD DE DAUFORT *alias* PINGARD D'AUFORT. — Flandre française.

« Nicolas Pingard, écuyer, seigneur d'Aufort, porte d'*azur au lion rampant d'or accosté à dextre d'un croissant d'argent et accompagné de 3 étoiles d'or, 2 et 1*. » (A.-G. *Flandre.*)

André-Louis-Joseph, enseigne, 20 novembre 1734 ; sous-lieutenant, 29 mars, 1740 ; campagne d'Italie et affaires de Campo-Santo, Velletri, Plaisance, du Tidone ; sous-lieutenant de grenadiers, 9 novembre 1744 ; lieutenant, 9 février 1745 ; lieutenant de grenadiers, 4 mai 1757 ; capitaine, 24 janvier 1760. Campagne de Portugal ; mort à Barcelone, le 15 juillet 1769. (G.).

PIQUET. — Picardie (Amiens). D. B., vol. 522.

D'azur à la Lande d'or chargée de 3 merlettes de sable. (L. C.).

Le chevalier Piquet de Poule, enseigne, 6 juin 1776, mort à Barcelone le 26 mai 1777. (G.).

(Jean Picquet, écuyer, seigneur de Fontaine et *du Boulle*, marié à Adrienne de Héron. D. B. vol. 522.)

PLAISANCE (DE). — Bourgogne, Poitou, Toulouse-Montauban (A. G.). Familles différentes.

Grégoire, baron de P., enseigne, 7 août 1719; démissionna la même année. (G.).

Plessis-Chatillon (du). — Maine.

D'argent à 3 quintefeuilles de gueules. (R.).

René, comte du P. C., enseigne, 7 novembre 1767; enseigne de grenadiers, 6 août 1768; sous-lieutenant, 10 avril 1773; descente d'Alger en 1775; sous-lieutenant de grenadiers, 24 décembre 1778; lieutenant, 6 octobre 1780. Retraité à Barcelone en janvier 1782. (G.).

* Poulle (de). — Lille en Flandre.

« Jacques-Antoine Poule, écuyer, porte : *D'argent à une fasce d'or, chargée d'une étoile à 6 rais d'or et accompagnée en pointe d'un poulet de sable.* » (A. G. *Flandre.* — Lille, p. 126.)

1. — Joachim-Joseph de P., enseigne, 27 janvier 1773; enseigne de grenadiers, 6 juin 1776; sous-lieutenant, 23 janvier 1777; descente d'Alger; lieutenant, 16 janvier 1783; lieutenant de grenadiers, 12 septembre 1791; capitaine, 6 mars 1794; campagnes contre la R. F. (G.).

2. — Ferdinand-Joseph, enseigne, 6 juin 1776; sous-lieutenant, 27 février 1780; sous-lieutenant de grenadiers, 6 mai 1784; siège de Gibraltar; lieutenant, 1er juin 1786; lieutenant de grenadiers, 8 juillet 1794; capitaine, 30 octobre 1794. (G.).

Quarré de la Haye du Repaire. — Artois.

D'azur au chevron d'argent chargé sur la pointe de

2 merlettes affrontées de sable et accompagné de 3 besans d'or, 2 en chef, 1 en pointe.

1. — Charles, enseigne, 3 septembre 1791 ; sous-lieutenant, 11 septembre 1794 ; lieutenant, 9 juin 1800 ; capitaine, vers 1800 ; tué à la bataille de Castella en 1812. (G.).

2. — Antoine, chevalier du R., enseigne, 28 août 1785 ; sous-lieutenant, 24 septembre 1789 ; enseigne de grenadiers, 11 septembre 1794 ; campagnes contre la R. F. (G.).

(1763. — Réception à la Noble Famille, de Thérèse-Aldegonde-Félicité Q. du R., née à Arras, paroisse Saint-Aubert, fille de Philippe-Marie-Joseph Q. du R., chevalier, seigneur de Lespault-Hermaville et de Aldegonde-Julie du Bois de Hoves.)

RIVEDOUX (D'HASTREL DE). — Soissonnois et Aunis.

D'azur au chevron d'or accompagné en chef de 2 molettes d'éperon de même et en pointe d'une tête de lévrier d'argent accolée de gueules.

(Preuves pour l'admission d'Etienne d'Hastrel de Rivedoux au collège de la Flèche en 1778. Fr. 32,084, p. 8.)

Pierre Rivedoux, chevalier de Buttré (*sic*), enseigne, 11 février 1711 ; siège de Barcelone ; enseigne de grenadiers, 1er avril 1711 ; sous-lieutenant, 1er septembre 1715 ; expéditions de Sardaigne et Sicile ; sous-lieutenant de grenadiers, 11 mai 1719 ; siège de Gibraltar ; lieutenant, 1er novembre 1727 ; lieutenant de grenadiers, 28 août 1734 ; capitaine, 5 mars 1738. Mort en 1740. (G.).

ROBERT DE SAINT-SIMPHORIEN. — Lille en Flandre.

De sable à 3 couleuvres ondoyantes en pal, d'or languées de gueules, (2 et 3), au chef d'azur chargé de 3 colombes d'argent posées dans l'attitude d'aigles héraldiques. Supports : *Deux lions regardant d'or, lampassés de gueules.* Devise : *Sapere simpliciter.* (R.).

Jean-François-Joseph R., baron de St-S., né à Tournai en 1737, fils de Charles-Pierre-Joseph R., capitaine au service de France et de Marie-Louise de Saint-Genois ; enseigne, 29 mai 1756 ; enseigne de grenadiers, 12 février 1762 ; campagne de Portugal ; sous-lieutenant, 20 octobre 1762 ; sous-aide-major, 8 septembre 1764 ; lieutenant, 4 janvier 1770 ; quitta vers cette époque ; avait épousé, le 7 janvier 1768, Henriette-Françoise de Buisseret d'Hantes. Marie-Louise-Josèphe R. de St-S. née à Lille, paroisse Sainte-Catherine, le 19 août 1750, fille de feu messire Charles-Pierre-Joseph, baron de St-S. et de Marie-Louise, née comtesse de Saint-Genois, fut reçue en 1758 à la Noble Famille de Lille. (G.).

Florence de Broide, dame de Gondrecourt, épousa Jérôme-Alexis Robert, seigneur de Choisys au commencement du XVIIIe siècle. Leur descendant, le baron de Saint-Symphorien, seigneur de Gondrecourt, fief vicomtier tenu de la baronnie de Cysoing en la châtellenie de Lille, fit défaut à l'assemblée de la noblesse appelée à élire des députés aux Etats-Généraux de 1789. (Cf. *Statistique féodale du département du Nord* par Th. Leuridan, t. XII, p. 179.)

ROBLIN (DE). — Artois.

Jean, enseigne, 23 septembre 1720 ; sièges de Gibraltar ; mort à Reuss en 1729. (G.).

(En 1714, Jacques R. était seigneur de Vieille-Eglise : il avait épousé, le 20 mars 1714, Pétronille Taverne, fille de Nicolas, armateur et conseiller de la chambre de commerce de Dunkerque. Sa nièce Catherine R., se maria, le 28 novembre 1724, avec Jacques-Nicolas Omaer, procureur du Roi à l'amirauté de Dunkerque. Cf. de Ternas. *Chancellerie d'Artois.*)

ROCHOU DE BELLEGARDE (DE). — Français. (I. N.).

Philippe de R., chevalier de B., enseigne, 15 novembre 1720 ; expédition d'Afrique ; enseigne de grenadiers, 17 août 1729 ; sous-lieutenant, 15 octobre 1729 ; mort à Ypres en 1731. (G.)

ROHAN-POULDUC. — Bretagne.

De gueules à 9 mâcles d'or (3, 3, 3) à la bande d'argent, brochant sur le tout. (P. de Courcy).

François, comte de R., enseigne, 14 novembre 1736 ; sous-lieutenant, 8 juin 1743 ; lieutenant, 3 août 1746 ; campagne d'Italie ; batailles de Campo-Santo, Velletri, Plaisance, du Tidone. Quitta en 1750. (G.).

(Jean-Baptiste de R., comte de Poulduc, seigneur de Haulix, Kerballat etc. fut, ainsi que son frère cadet, Jean-Louis, exempt des gardes du corps du roi d'Espagne, Philippe V, et devint brigadier de ses armées. Un de ses fils s'appelait

Bonaventure-François-Antoine. — L. C. d'après Moreri.)

Rollin (de). — Bourgogne et Lorraine. (Familles différentes. A. G.).

Charles, chevalier de R., enseigne, 27 novembre 1777 ; enseigne de grenadiers, 22 février 1782 ; sous-lieutenant, 19 janvier 1782 ; siège de Gibraltar ; lieutenant, 15 mai 1788 ; lieutenant de grenadiers, 30 octobre 1794. Campagnes contre la R. F. Capitaine, 15 janvier 1798. (G.).

Rosières (de). — Lorraine et Franche-Comté. (Familles différentes. R.).

François, enseigne, 7 mai 1801. (G.).

Roussel (de). — Alsace et Flandre (A. G.). — Boulonnais. (Preuves de Saint-Cyr).

D'argent à un lion de sable, les yeux, la langue et les griffes de gueules, couronné d'or.

Charles, sous-lieutenant, 13 juillet 1706 ; sous-lieutenant de grenadiers, 1er juillet 1710 ; lieutenant, 15 février 1712. Guerre de la succession d'Espagne ; batailles d'Almanza, Almenara, Saragosse, Villa-Viciosa ; siège de Barcelone, expédition de Sardaigne ; lieutenant de grenadiers, 7 janvier 1719 ; capitaine, même date. Siège de Gibraltar ; capitaine de grenadiers, 20 mars 1739, avec rang de brigadier. Quitta en 1742. (G.).

(*Preuves de pages de la petite Ecurie. — De Roussel,* 1743 :

Contrat de mariage d'Ambroise-François-Achille de Roussel, chevalier, seigneur de Perne, fils aîné d'Ambroise-François de R., vivant, chevalier, seigneur de Germont, de Houvault, et mestre-de-camp de cavalerie, et de Jacqueline-Françoise de Lastre, accordé le 9 septembre 1726 avec Marie-Madeleine de Patras, fille de Françoise de P., chevalier, seigneur de Campagne *(sic)*, conseiller du Roi, sénéchal du Boulenois.)

ROUVROY DE SAINT-SIMON. — Picardie.

Ecartelé aux 1 et 4 de sable à la croix d'argent chargée de 5 coquilles de gueules (Rouvroy) ; *aux 2 et 3, échiqueté d'or et d'azur, au chef d'azur chargé de 3 fleurs de lis d'or* (Vermandois).

Claude-Anne de R. de Saint-S., marquis de Montbléru, né le 16 mars 1743 à la Faille, près Ruffec, fils de Louis-Gabriel et de Marie-Catherine-Jacquette Pineau de Viennay ; fut brigadier d'infanterie en 1770, gouverneur de Saint-Jean-Pied-de-Port en 1783 et député de la noblesse aux Etats-Généraux en 1789. Il émigra en Espagne et fut créé grand d'Espagne, capitaine-général et colonel des Gardes Wallones en 1815. Mort à Madrid le 3 janvier 1819. (P. de Courcy, t. IX, p. 213).

SAINTE-CROIX (DE). — Bourgogne (R.).

D'or à la croix de sinople.

Ferdinand, chevalier de Sainte-C., enseigne, 6 juin 1776 ; sous-lieutenant, 27 avril 1780 ; siège de Gibraltar ; sous-lieutenant de grenadiers,

20 août 1784 ; lieutenant, 1er juin 1786 ; lieutenant de grenadiers, 11 septembre 1794 ; capitaine, 30 octobre 1794. Campagnes contre la R. F. En 1808 était brigadier et fut nommé major du régiment ; eut ensuite le gouvernement d'Alicante, puis rentra aux G. W. en qualité de lieutenant-colonel. (G.).

Saint-Ignon de Grand-Failly (de). — Lorraine, Trois Evêchés. (R. et G.).

« Isaye-Louis de Saintignon, écuyer, seigneur du Grand-Failly, porte : *D'or à trois tours de gueules massonnées de sable.* » (A. G. *Lorraine*, Longwy).

1. — Louis, sous-lieutenant, 1er juillet 1706 ; sous-aide-major, 1er juillet 1710 ; guerre de la Succession d'Espagne ; tué au siège de Cordoue. (G).

2. — Adrien, baron de St.-I., sous-lieutenant, 1er juillet 1706 ; sous-aide-major, 1er juillet 1710 ; campagne de la Succession d'Espagne ; batailles d'Almanza, Saragosse, Villa-Viciosa, siège de Barcelone ; aide-major, 3 avril 1715 ; expédition de Sardaigne ; capitaine, 8 février 1718 ; expédition de Sicile ; capitaine de grenadiers, 29 novembre 1733, avec grade de maréchal de camp. Quitta le régiment en 1742 et mourut à Barcelone. (G.).

3. — Georges, enseigne, 1 août 1714 ; expédition de Sardaigne ; sous-lieutenant, 5 décembre 1717 ; expédition de Sicile ; bataille de Villa-Franca ; lieutenant, 1er août 1720, mort à Barcelone. (G.).

Sainte-Aldegonde (de). — Artois. (R. et L. C.). Hainaut français, Valenciennes. (A. G.).

D'hermine à la croix de gueules chargée de 5 roses d'or (R.), alias *quintefeuilles* (L. C.). Figure sur la liste de G. sans prénom ni états de services.

* Santis *alias* Sentis. — Originaires d'Espagne ; diocèse de Comminges et sénéchaussée de Toulouse.

D'azur à un lion d'argent et un chef de même chargé de 3 molettes de sable. (P. O. 2689).

Philippe Santis, comte de Saint-Marceaux, sous-lieutenant, 26 décembre 1719 ; expédition d'Afrique ; sous-lieutenant de grenadiers, 11 décembre 1724 ; siège de Gibraltar ; lieutenant, 3 janvier 1727 ; conquête d'Oran ; lieutenant de grenadiers, 8 janvier 1734 ; capitaine, 6 août 1742 ; campagne d'Italie, bataille de Campo-Santo ; tué à l'affaire de Velletri en 1744. (G.).

Sayve (de). — Bourgogne.

D'azur à la bande d'argent chargée de 3 couleuvres de gueules. (R.).

Antoine, enseigne, 17 mars 1769 ; enseigne de grenadiers, 13 janvier 1771 ; blessé à la descente d'Alger, 8 juillet 1775 ; sous-lieutenant, 2 mars 1778 ; quitta le 10 janvier 1782. (G.).

Scepeaux (de). — Maine, Bretagne et Anjou.

Contrevairé d'argent et gueules. (Courcelles).

Pierre-Henri, comte de S., second fils de Joseph marquis de S., seigneur du Chemin et du Houssay, capitaine dans le régiment de *Lyonnais*, puis colonel d'un régiment wallon au service du roi d'Espagne, brigadier de ses armées, gentilhomme de la clef d'or de sa chambre avec titre de marquis de Castille le 6 octobre 1715, puis brigadier d'infanterie en France et chevalier de Saint-Louis en 1719, mort en 1723 et de Catherine Chailland — enseigne, 3 mars 1709 ; sous-lieutenant, 18 avril 1711 : dernière campagne de la Succession d'Espagne : siège de Barcelone ; sous-lieutenant de grenadiers, 1er avril 1715 ; expédition de Sardaigne ; lieutenant, 26 décembre 1717 ; expédition de Sicile et bataille de Villa-Franca ; lieutenant de grenadiers, 6 février 1729 ; capitaine, 7 novembre 1732 ; capitaine de grenadiers, 10 novembre 1744 ; maréchal-de-camp, gentilhomme de la clef d'or en janvier 1746 ; commandeur de l'ordre de Saint-Jacques de Calatrava ; campagnes d'Italie ; tué à l'attaque de Codagno en 1746. (G.). (Cf. L. C.).

TALHOUET DE BONAMOUR (DE). — Bretagne.

D'argent à 3 pommes de pin de gueules.

Louis de T., comte de B., capitaine, 9 février 1720 ; siège de Gibraltar ; conquête d'Oran ; tué à la bataille de Bitonto en 1734. (Cf. de Courcy, t. IX, 2e partie, p. 193, Gie. Crussol).

TASSIES (DE). — Lorraine, Metz.

« Marguerite Dilange, femme de R. de Tassie, capitaine au régiment de Picardie porte : *De sable à un chevron d'or, chargé d'un croissant de sable.* » (A. G. *Lorraine*, département de Metz, p. 645).

Philippe, sous-lieutenant, 20 décembre 1719 ; expédition d'Afrique, siège de Gibraltar ; lieutenant, 30 juin 1728. Agrégé, comme lieutenant-colonel, à l'état-major de la place de Valence. (G.).

TAVERNE (DE). — Flandre française.

De gueules au chevron d'or accompagné de 3 bouteilles d'argent. (R.) : alias : *1 et 4, d'argent à l'ancre de sable couronnée d'or ; 2 et 3, d'or à 5 trèfles de sinople.* (Ternas).

1. — Laurent, enseigne, 1er mars 1720, mort à Gibraltar en 1726. (G.).

2. — « Marie-Louis Taverne de Wulpré, écuyer, officier aux G. W. non cité dans l'histoire des G. W. du colonel Guillaume, né le 19 octobre 1756, épousa à Madrid le 9 octobre 1783, dona Maria del Carmen Pavia y Pascal, native de Jaca en Aragon, dont 3 enfants. » (A. de Ternas, *La Chancellerie d'Artois*).

TERMAN (TERNANT ?) — Bourgogne.

Echiqueté d'or et de gueules. (R.).

Nicolas de T., lieutenant, 1er juin 1705 ; lieutenant de grenadiers, 1er juillet 1706 ; quitta en 1707. (G.).

TOULONGEON (DE). — Franche-Comté, Bresse, Bourgogne.

De gueules à 3 jumelles d'argent. (R.).

Jean-Baptiste, comte de T., capitaine d'une compagnie des G. W., se maria en 1700 à Marie-Françoise-Justine de Clermont d'Amboise qui lui apporta le comté de Champlitte; son fils unique, Jean-François-Joseph, comte de Champlitte, fut mestre-de-camp, cornette des gendarmes de la garde du roi Louis XVI. (Cf. comte Jametel, *Lettres inédites*, p. 93, note 50), non cité par G.

URTUBIE DE GARRO. — Pays Basques.

D'argent à 3 fasces de gueules accompagnées de neuf (sic) *loups passant de même.* (R.).

1. — Michel Garo, chevalier d'Hurtebise (*sic*), enseigne, 10 septembre 1710 ; siège de Barcelone ; expédition de Sardaigne ; sous-lieutenant, 11 mai 1719 ; quitta en 1720. (G.).

2. — Henri, baron de G., enseigne, 2 mai 1796 ; sous-lieutenant, 18 décembre 1800. (G.).

Gascogne, bailliage du Labour. — Dominique Joachim-Bertrand d'Urtubie, chevalier, baron de Garro, conseiller du Roi, grand bailli d'épée du pays de Labour en 1789. (*Gascogne*, p. 33. L. B.).

VALCROISSANT DE VAUMALE (DE). — Provence.

De gueules au chevron d'or accompagné en pointe d'un croissant d'argent, au chef d'azur chargé de 3 étoiles d'or et soutenu d'une devise d'argent. (R.).

François, lieutenant, 8 janvier 1719 ; capitaine, 11 janvier 1720 ; expédition d'Afrique ; siège de Gibraltar ; mort à Barcelone en 1732. (G.).

VALIÇOURT (DE). — Français.

D'azur à un lis d'argent, terrassé du même, accosté en pointe de 2 lièvres courant du second ; au franc quartier d'hermine. (R.).

1. — François, enseigne, 13 novembre 1788, mort à Barcelone le 1er octobre 1790. (G.).

2. — Jean, enseigne, 25 août 1784 : sous-lieutenant vers 1789 ; quitta en 1794. (G.).

3. — Jean-Baptiste, baron de V., enseigne, 18 août 1786 ; enseigne de grenadiers, 3 janvier 1789 ; sous-lieutenant, 12 janvier 1792 ; lieutenant, 5 février 1795 : campagnes contre la R. F. (G.).

VAURE (DE). — Dauphiné et Vivarais.

« Antoine-François de Vaures, sr de Bomus, porte : *D'azur à une bande d'argent accompagnée de 3 étoiles de même, 2 en chef rangées et 1 en pointe.* » (A. G. *Dauphiné.*)

Maximilien, enseigne, 29 octobre 1719 ; partie de l'expédition d'Afrique ; sous-lieutenant, 29 janvier 1724 ; siège de Gibraltar et conquête d'Oran ; lieutenant, 9 novembre 1733. Agrégé à l'état-major de la place de Barcelone en qualité de lieutenant-colonel. (G.).

(Claude Louis de Vaure de Charlieu, écuyer, vota en 1789 avec les nobles de la sénéchaussée d'Annonay. — L. B. *Bas Languedoc*, p. 38.)

VERRAC *alias* VEYRAC (DE). — Guyenne, Gascogne, Languedoc. Familles différentes.

Gabriel, enseigne vers 1797 ; sous-lieutenant, 8 avril 1802. (G.).

VESTIER (DE). — Lorraine. (Verdun).

Jean-André, enseigne, 15 juin 1760 ; campagne de Portugal ; enseigne de grenadiers, 20 novembre 1762 ; sous-lieutenant, 31 décembre 1763 ; sous-aide-major, 14 décembre 1765 ; agrégé, 1766. (G.).

VIAL. — Dauphiné, Forez, Lyonnais. (R.). Familles différentes.

Benoit, enseigne, 15 mai 1794 ; enseigne de grenadiers, 19 mars 1795 ; quitta la même année. (G.).

VIART *alias* VIARD. — Lorraine, Bourgogne. (R.). Familles différentes.

Jean Viard de Santilly, enseigne, 6 juin 1776 ; descente d'Alger ; sous-lieutenant, 24 décembre 1778 ; siège de Gibraltar ; sous-aide-major, 3 février 1783 ; lieutenant, 18 mai 1785 ; aide-major, 6 juin 1788 ; capitaine, 11 septembre 1794. Campagnes contre la R. F. Brigadier. Obtint en 1798 le gouvernement de la citadelle de Barcelone. (G.).

VILBRUN *alias* VILLEBRUN (DE). — Languedoc. (De Courcy.)

1. — Antoine, chevalier de V., enseigne, 1er février 1706 ; quitta l'année suivante. (G.).

2. — Anselme, chevalier de V., enseigne, 1er février 1706 ; sous-lieutenant, 1er août 1708 ; sous-

lieutenant de grenadiers, 18 février 1710. Guerre de la succession d'Espagne, batailles d'Almanza, Saragosse, Villa-Viciosa ; lieutenant, 1er juin 1717 ; quitta en 1719. (G.).

VILDEN (DE). — Lorraine. (L. B.).

Louis, enseigne, 1er septembre 1709 ; enseigne de grenadiers, 18 février 1711 ; dernière campagne de la succession d'Espagne ; batailles de Saragosse et de Villa-Viciosa ; gourverneur de Castel-Léon en 1712. (G.).

N. de Vilden, écuyer, seigneur en partie de Thoune, le Thil, chevalier de Saint-Louis, capitaine dans *Royal-Infanterie*, vota en 1789 dans le baillage de Carignan et Montmédy (L. B.). Le duché de Carignan fut acquis en 1659 avec le Luxembourg français (Thionville, Montmédy, Longwy) en exécution du traité des Pyrénées.

VILLENEUVE (DE). — Provence, Bourgogne. (Familles différentes.)

Louis-Achille, enseigne en 1780 ; mort à Madrid le 11 janvier 1781. (G.).

*WIGNACOURT (DE). — Picardie, Artois. Une branche étrangère.

D'argent à 3 fleurs de lis au pied coupé de gueules. (R.).

Eugène-François, chevalier de W., enseigne, 1er janvier 1732 ; conquête d'Oran ; enseigne de grenadiers, 1er janvier 1732 ; campagne d'Italie, bataille de Bitonto ; sous-lieutenant, 17 octobre

1735 ; lieutenant, 8 juin 1743 ; affaires de Velletri et Plaisance ; lieutenant de grenadiers, 4 septembre 1750. (G.).

NOMS D'OFFICIERS DONT LA NATIONALITÉ N'A PU ÊTRE IDENTIFIÉE (1).

Aramendy.

Beaudignum (chevalier de) ; Blaugies (de) ; Bojous ; Bonnechère (de) ; Boringe de Nangis (de) ; Bornac (de) ; Braudot (de).

Caigny (de) ; Catouillard (de) ; Chalandaux (comte de) ; Chassebreuil, marquis de la Roche (de) ; Châteaumont (de) ; Ciria (de) ; Clairpuys (de) ; Coulon du Vivier ; Croisset (de) ; Curcy (de) ; Cussé (de).

Dabaoure ; Descaley ; Desgly ; Despeches ; Dessaing ; Dragonet ; Ducors ; Duffuy ; Dumont d'Anglure ; Durant.

Falancourt (de) ; Fecheronville (de) ; Figé (de) ; Florival (de) ; Freix (de).

Gavaud (baron de) ; Gimarcy (marquis de) ; Gombreville (de) ; Grimbréville (de).

Joubert, comte de Saint-Pons.

Lagmotte (de) ; Lagnan (de) ; La Lande (de) ; La Riole (de) ; Le Bon, comte de Montagut ; Legée (de).

Malthe (de) ; Marton (de) ; Meliancourt (de) ; Meurier (de) ; Moitelle (de) ; Montjoul (de) ; Montolin (chevalier de).

Norbecq (baron de).

Petit de Beauchamp ; Pichet.

Rocheneuve (vicomte de).

(1) Les états de services de ces officiers se trouvent dans l'ouvrage du général Guillaume.

Saint-Maxens (de) ; Salvay (baron de) ; Sineux (de) ; Sommier (de) ; Sonnebois (de).

Tailly (de) ; Thevenaud (de) ; Tinante, chevalier de Bessay (de) ; Trivières (de).

Vauchez (de).

SOURCES

Manuscrits de la Bibliothèque Nationale

Chérin. — Généalogies.

Hozier (d'). — Généalogies des familles originaires de Paris. Fr. 32,356 et 32.015. — Armorial général. — Cabinet d'Hozier. — Nouveau d'Hozier. — Carrés d'Hozier. — Dossiers bleus. — Preuves de Saint-Cyr, de l'Ecole Militaire, des grande et petite Ecuries.

Pièces originales.

Manuscrit espagnol n° 423. — Fol. 145-146. — Conditions à exiger pour le recrutement des troupes étrangères. — Fol. 204-205. Garde Wallone, 2 lettres de P. du Barlet, lieutenant-colonel en 1760. — Fol. 216. Règlement du régiment des Gardes Wallones.

Imprimés

Anselme (Père). — Histoire généalogique et chronologique de la Maison royale de France, des pairs, des grands officiers de la Couronne et de la Maison du Roy et des anciens barons du royaume, etc.

Archives de la Marne (Inventaire des).

Bardin (général). — Dictionnaire militaire.

Belleval (de). — Nobiliaire de Ponthieu et de Vimeu.

Bonvallet. — Armorial de la Franche-Comté. (Besançon, 1863).

Clonard (de). — Historia de infanteria et caballeria española.

Courcelles (de). — Dictionnaire universel de la Noblesse de France (1820).

Courcy (P. de). P. Anselme continué.

D. D. H. — Nobiliaire des Pays-Bas et du comté de Bourgogne. (Louvain, 1760).

Desmarest. — Quinze ans de haute police sous le Consulat et l'Empire.

Du Chambge de Liessart (baron). — Notes historiques relatives aux offices et officiers du bureau des finances de la généralité de Lille. (Lille, 1855).

Gimenez. — Infanteria et caballeria española. (Lithographies d'Adam).

Gœthals. — Dictionnaire généalogique et héraldique. (Bruxelles, 1850).

Guillaume (colonel). — Histoire des Gardes Wallones au service d'Espagne. (Bruxelles, 1858).

Hozier (D'). — Armorial imprimé.

Hozier (Président D'). — Indicateur nobiliaire.

Huart (baron D'). — Souvenirs de famille. (Metz, 1850).

Jametel (comte). — Lettres inédites.

Kessel (DE). — Armorial Luxembourgeois. (Arlon 1868).

La Chênaye-Desbois. — Dictionnaire de la Noblesse.

La Roque et de Barthélemy (DE). — Catalogues des gentilshommes qui ont pris part ou envoyé leurs procurations aux assemblées de la Noblesse pour l'élection des députés aux Etats-Généraux de 1789.

Lainé. — Dictionnaire véridique des origines des maisons nobles et anoblies du royaume de France. (1818).

Lenôtre. — Le vrai chevalier de Maison-Rouge.

Leuridan. — Statistique féodale de la châtellenie de Lille. (TT XI et XII des Bulletins de la Commission historique du département du Nord, 1871).

Lurion (R. de). — Nobiliaire de Franche Comté. (Besançon, 1890).

Mémoires militaires relatifs à la Succession d'Espagne.

Neyen (Aug.). — Histoire de la seigneurie de Jamoigne ; généalogie de la famille d'Huart. (T XV des publications de la Société pour la recherche et la conservation des monuments dans le grand-duché de Luxembourg).

Noailles (duc de). — Mémoires.

Noble famille. — (Inventaire des archives hospitalières de Lille, T II).

Poplimont. — La Belgique héraldique. (Paris, 1866).

Rietstap. — Armorial général.

Roger. — Noblesse et chevalerie du comté de Flandre, d'Artois et de Picardie. (Amiens, 1843).

Rouen (colonel). — L'armée belge. (1897).

Saint-Allais (de). — Nobiliaire universel de France. (1814).

Ternas (A. de). — La chancellerie d'Artois. (Arras, 1882).

Id. Recueil de la noblesse des Pays-Bas, de Flandre et d'Artois.

Vegiano (de). — Nobiliaire des Pays-Bas. (Gand, 1865).

Vannes. — Imprimerie LAFOLYE Frères, 2, place des Lices.

www.ingramcontent.com/pod-product-compliance
Ingram Content Group UK Ltd.
Pitfield, Milton Keynes, MK11 3LW, UK
UKHW012223240726
13966UKWH00003B/919

9 782012 876156